suhrkamp taschenbuch 2901

Ingrid Wiltmann hat zwölf Gespräche mit ganz unterschiedlichen Menschen aus Israel geführt, die über ihre Kindheit und Jugend, ihre Flucht und ihre Schwierigkeiten, in Israel eine neue Existenz aufzubauen, erzählen. Das Leben aller dieser Menschen hat unmittelbar mit der Geschichte Israels zu tun. Was bedeutet für Juden im 20. Jahrhundert die Einwanderung nach Israel? Welche Umstände führten zur Staatsgründung? Auf diese und andere Fragen geben Ingrid Wiltmanns Gesprächspartner, darunter namhafte Schriftsteller wie Jehuda Amichai und Tuvia Rübner Antwort und lassen in der Vielfalt ihrer Antworten mehr als ein halbes Jahrhundert wiedererstehen: 1998 – fünfzig Jahre Israel.
Die Herausgeberin Ingrid Wiltmann, geboren 1949, ist Schriftstellerin, Übersetzerin und Dozentin in der Erwachsenenbildung (Literaturkurse). In zahlreichen Studienreisen nach Israel lernte sie das Land, die Menschen und viele israelische und palästinensische Autorinnen und Autoren kennen. 1994 erhielt sie vom Auswärtigen Amt ein Stipendium für eine literarische Informationsreise nach Israel.

Lebensgeschichten aus Israel

Zwölf Gespräche

Herausgegeben und
mit einem Nachwort versehen
von Ingrid Wiltmann

Suhrkamp

Umschlagfoto:
Jindřich Marco: Hafen von Haifa, Ankunft eines Immigrantenschiffes aus Europa, 1948

suhrkamp taschenbuch 2901
Erste Auflage 1998

Satz: Bibliomania GmbH, Frankfurt am Main
Druck: Nomos Verlagsgesellschaft, Baden-Baden
Printed in Germany
Umschlag nach Entwürfen von Willy Fleckhaus und Rolf Staudt

1 2 3 4 5 6 - 03 02 01 00 99 98

Inhalt

Vorbemerkung

Die Originalausgabe dieses Buches ist im Herbst 1997 im Rauhreif Verlag, Möhlin und VS-Villingen, unter dem Titel »Nur Ewigkeit ist kein Exil« erschienen. Sie umfaßt neunundzwanzig Gespräche mit Jüdinnen und Juden, die zwischen 1925 und 1990 in Palästina/Israel eingewandert sind.

Für die vorliegende Taschenbuchausgabe wurden zwölf Gespräche entnommen. Die in den Lebensgeschichten auftretenden Fragen beschäftigen sich je nach Lebensalter mit dem Zionismus, mit dem Aspekt der Zweisprachigkeit und den Wurzeln in der verschiedenen Heimat, der Verfolgung und dem Überleben in Vernichtungslagern, den ersten Jahren der Staatsgründung, der Einwanderung aus dem Ursprungsland des Judentums, dem heutigen Irak, und der Problematik von Nachkriegsdeutschland.

Jedes Buch steht für sich. Wird in der Originalausgabe der Aspekt des Exils im Judentum verstärkt angesprochen, so treten in der jetzigen Ausgabe die zwanziger und dreißiger Jahre, das Jahr der Staatsgründung und die fünfziger und sechziger Jahre mehr in den Vordergrund.

Das Mosaik, aus dem das erste Buch zusammengesetzt ist, hat sich verkleinert, ohne daß die ursprüngliche Idee verlorengegangen ist: die Vielfalt und Vielschichtigkeit des Landes und der Menschen, die in Palästina/Israel in diesem Jahrhundert immigrierten, darzustellen.

Yael Stiefel, eine Holocaustüberlebende, die in Deutschland geboren wurde und 1949 in Israel einwanderte, spricht die Intention des Buches an:

»Was es in Israel gibt, gibt es auf der ganzen Welt, aber was es auf der ganzen Welt gibt, kannst du finden in diesem kleinen Israel.«

Mainz, im November 1997 *Ingrid Wiltmann*

Aharon Megged

Ich bin im Jahr 1920 geboren, in einer Stadt namens Wloclawek. Übrigens ist das dieselbe Stadt, in der euer berühmter Kritiker Marcel Reich-Ranicki auch 1920 geboren ist. Wloclawek war eine mittelgroße Stadt mit ungefähr hunderttausend Einwohnern. Die Hälfte der Bevölkerung war jüdisch.

Als ich fünf Jahre alt war, wanderten meine Eltern und ich nach Palästina aus. Mein Vater war Hebräischlehrer in einer hebräischen Mittelschule. Du mußt dir vorstellen, daß in dem damaligen Polen über drei Millionen Juden lebten. Sie führten ein autonomes Leben, religiös, aber auch nicht religiös. Es gab ein verzweigtes Netz von Hebräisch-Schulen, Hochschulen, Jugendzentren, Sportclubs, Parteien – sozialistischen und nicht sozialistischen. Es gab in Polen ein wirkliches jüdisches Leben. Mein Vater war ein Zionist und hatte immer die Absicht gehabt, nach Palästina zu gehen. Als ich fünfeinhalb Jahre alt war, ließen wir alles in Polen zurück. Wir fuhren mit dem Zug nach Rumänien und vom Hafen von Constanta aus mit dem Boot nach Palästina.

Am 9. November 1985 besuchte ich das erste Mal wieder Polen. Ich wollte mein Geburtshaus wiedersehen. In Wloclawek gab es kaum noch Juden, vielleicht zwanzig oder dreißig Leute, die aus Rußland zurückgekehrt waren. Ich fand das Haus und die Wohnung wieder, in der wir gelebt hatten. Was mir sogleich ins Auge fiel, war die Tapete, auf der Pfauen aufgemalt waren. Sie hatte sich nicht verändert, auch nicht der Ofen mit den braunen Kacheln. Ich erkannte den Hof wieder. Doch es war ein Schock für mich, daß ich mich kaum an Polen erinnerte. Einen Vorfall, ein Trauma habe ich im Gedächtnis bewahrt: Es war an einem Wintertag. Es schneite, und ich ging in den Hof. Im Hof war ein Brunnen. Die Frauen holten dort Wasser. Ein polnischer Junge kam auf mich zu, trat mich in den Hintern und nannte mich »zyd«. Ich schlug zurück und rannte nach Hause. Ich sah ihn auf mich zukommen, und ich hatte fürchterliche Angst, daß er mich umbringen könnte. Ich versteckte mich im Zimmer und schaute durch das Fenster. Ich fürchtete, er würde in die Wohnung eindringen. »Zyd« ist ein schmutziges Wort für einen Juden. Es war eine bedrohliche Situation und meine erste antisemitische Erfahrung.

Als wir mit dem Zug nach Constanta fuhren, erfuhr ich mein zweites Trauma. Der Zug hielt nachts an einem Bahnhof, und mein Vater stieg aus, um etwas in der Stadt zu kaufen, ein Getränk oder etwas zu essen. Der Zug fuhr an, und mein Vater war nicht da. Er hatte unser ganzes Geld dabei, alle unsere Papiere. Ich hatte Angst, Randalierer hätten ihn umgebracht. Er schaffte es jedenfalls noch, auf den letzten Wagen aufzuspringen, und kam zu uns. Wir waren sehr froh.

Als wir im April 1926 mit dem Schiff in Jaffa ankamen, brachten uns Boote an Land. Ein großer arabischer Schiffer trug mich auf seinen Armen von Deck in sein Boot. Das war meine »Taufe« im Land Israel. Wir kamen nach Tel Aviv. In der Stadt lebten damals etwa vierzigtausend Menschen. Wir hatten nichts. Wir zogen in ein kleines Appartement, in dem meine Tante wohnte. Sie war Schneiderin. Arbeit gab es nirgendwo, es herrschte eine schlimme Depression. Die erste Arbeit meines Vaters bestand darin, die Straße von Allenby bis hinunter zum Meer zu pflastern. In jener Zeit aßen wir ein Gericht am Tag, kein Fleisch, keinen Fisch, nur Getreide und Gemüse. Ich erinnere mich, daß mein Vater abends mit Blasen an den Händen nach Hause kam. Er war körperliche

Arbeit nicht gewohnt. Eines Tages entschloß er sich, durch das ganze Land zu ziehen, um eine Stellung als Lehrer zu finden. Er kam zu einem kleinen Dorf, das Ra'anana hieß, und wurde der erste Lehrer in der Siedlung. Er hatte zwölf Schüler aller Altersstufen. Als wir nach Ra'anana zogen, bestand das ganze Dorf aus einem langen Sandstreifen. Hier und da standen dreißig bis vierzig kleine Häuser. Wir kamen zu einer Hütte, die uns zugewiesen worden war. Ich erinnere mich noch gut, daß meine Mutter in die Hütte hineinging, wieder herauskam und sich auf das Bett setzte, das mitten im Sand stand. Sie fing an zu weinen. Aber sie faßte schnell wieder Mut und begann mit ihrer Arbeit. Sie reinigte alles gründlich. Eine der ersten Erinnerungen, die ich noch habe, ist symbolisch für mich: Auf der anderen Seite unseres Hofes stand ein langgestrecktes Holzhaus. In dem einen Teil des Gebäudes war eine Synagoge untergebracht. Im anderen Teil lebte eine kleine Gruppe von Pionieren. Es waren Arbeiter, die aus Rußland oder Polen stammten, vielleicht zwölf Leute. Wenn ich morgens früh bei Sonnenaufgang erwachte, hörte ich die gesungenen Gebete. Die alten Leute kamen auch dorthin und beteten. Bevor ich abends einschlief, hörte ich aus dem anderen Teil das Singen und Tanzen der Pioniere. Sie spielten Balalaika und andere Instrumente. Bis zum heutigen Tag symbolisiert dies für mich die Vereinigung von zwei Gegensätzen: der Tradition und der neuen Ära. Die alten Leute kamen aus Polen, sangen ihre Lieder, während auf der anderen Seite etwas ganz, ganz Neues entstanden war. Dieselben Leute und dasselbe Land. Wenn ich heute auf meine Kindheit in dem kleinen Dorf zurückschaue, erinnere ich mich an ein kleines Paradies, trotz der schlechten Bedingungen. Mein Bruder war zweieinhalb Jahre jünger als ich, und meine Schwester wurde kurz nach der Ankunft in Palästina geboren.

Meine Mutter kaufte eine Kuh, wir bearbeiteten das Land, obwohl wir nichts über Landwirtschaft wußten. Ich arbeitete gern im Garten, und wir pflanzten Bäume und Gemüse. Als ich diese Kindheit verließ, war mir, als würde ich aus dem Paradies verstoßen.

Kannst du mir etwas über deine Familie in Polen erzählen?

Mein Großvater war ein Rabbi, aber als mein Vater das Haus verließ, studierte er an einem nicht religiösen Lehrerseminar Hebräisch.

Verwandelte er die religiöse Zionssehnsucht in Zionismus?

Ja, das ist richtig. Zionismus ist hauptsächlich eine nicht religiöse Bewegung, hat aber seinen Ursprung in der Bibel, in Gebeten, in einer Zeit von zweitausend Jahren, als die Inhalte der Kultur hauptsächlich religiöser Natur waren. Im neunzehnten Jahrhundert breitete sich zusammen mit der Emanzipation eine säkulare jüdische Kultur aus. In Rußland, der Ukraine und Polen fing man an, hebräische Literatur zu schreiben. Da vollzog sich die erste Erneuerung der hebräischen Sprache, nicht in der gesprochenen, sondern in der geschriebenen Sprache. Die Gedichte von Bialik, Tschernichowski und die Prosa von Mendele, Mapu, Fridman haben ihren Ursprung in Rußland, Polen und einige in Deutschland.

Als ich als Kind in dieses Land kam, lernte ich sehr schnell Hebräisch, und ich vergaß die polnische Sprache, die ich bisher gesprochen hatte.

War es für dich und deine Familie anders als für die deutschen Juden, in Palästina heimisch zu werden? Die deutschen Juden waren sehr assimiliert.

Wloclawek war kein kleines Schtetl. Es hatte sein jüdisch-hebräisches Leben und war in einer gewissen Weise autonom. Deshalb war es viel leichter, in Palästina Wurzeln zu schlagen. Meine Eltern durchlebten nicht die Krise, in die Leute geraten, die aus einem völlig anderen Kulturkreis in den Nahen Osten kommen. Es war eine Rückkehr in das alte historische Land.

Ich lernte in der Schule, in der mein Vater Lehrer war. Als ich anfing, das Gymnasium zu besuchen, mußte ich jeden Tag nach Tel Aviv fahren, während meine Eltern in Ra'anana blieben. Ich mietete schließlich ein kleines Zimmer auf einem Dach und lebte dort während der Schulzeit. In jener Zeit war die Jugendbewegung ein wichtiger Bestandteil meines geistigen Lebens. Sie hieß »Ha'Makanot Ha'Olim« und setzte sich die Arbeit in einem Kibbuz zum Ziel, nicht ein Studium, um etwa Arzt oder Ingenieur zu werden. Wir wollten das Land bearbeiten. Als ich das Gymnasium abschloß, wünschten meine Eltern, daß ich an der Universität studierte. Ich war ein guter Schüler und hatte gute Noten. Aber ich ging getreu meinem Ideal in einen Kibbuz, zuerst nach Givat Brenner. Givat Brenner ist ein Jecke-Kibbuz. Wir waren eine Gruppe alter Sabres, im Land aufgewachsen. Hebräisch war unsere neue Sprache. Aber in Givat Brenner sprachen die Leute in ihren Räumen und im Speisesaal Deutsch. Sie nannten uns »Asiaten«, weil wir so laut sprachen und keine Manieren hatten. Sie sahen uns von oben herab an. Wir fanden, sie hätten keinen Humor. Es waren sehr intelligente Leute, Intellektuelle, die Kibbuzniks geworden waren. Einer von ihnen war Enzo Sereni. Er stammte aus einer der großen jüdischen Familien in Italien, die dem Königlichen Hof eng verbunden war.

Ich arbeitete länger als ein halbes Jahr jeden Tag in den Zitronenplantagen, zusammen mit Sereni und einem Jecke. Während wir arbeiteten, hörte er nicht auf, über Hölderlin, Goethe, Schiller und Hegel zu sprechen, der Ärmste. Ich habe viel gelernt. Meine erste Lektion in klassischer Musik hatte ich dort. Abends hörte ich aus jedem

Raum im Kibbuz Schallplatten von Beethoven, Mozart, und selbst an Schabbat fand abends im Speisesaal ein Konzert statt. Als man über Rundfunk den Anschluß Österreichs bekannt gab, hörte ich am Abend das erste Mal in meinem Leben die Neunte Symphonie von Beethoven.

Ich machte in Givat Brenner eine einjährige Ausbildung. Dann ging ich in einen jungen Kibbuz in der Nähe von Haifa, Kibbuz Sdot Yam, und wir arbeiteten im Hafen von Haifa. Die meisten Arbeiter waren Araber. Wir meinten, daß Juden in allen möglichen Bereichen tätig sein sollten. Ich wurde Stauer und mußte Schiffe laden und entladen. Es war eine harte Arbeit, häufig über zwölf, vierzehn Stunden am Tag.

1940 ließen wir uns bei Cäsarea nieder, um an den Fischteichen zu arbeiten. In der Nähe war ein arabisches Dorf, und da wir gute Beziehungen zu den Dorfleuten hatten, fischten wir mit ihnen zusammen. Ich war Mitglied des Kibbuzes Sdot Yam, was »Felder des Meeres«, bedeutet. Der Kibbuz war in den Ruinen des alten Cäsarea errichtet worden. Ich fischte, errichtete Bauten, arbeitete in der Landwirtschaft und in vielen anderen Bereichen.

1946 wurde ich als »Botschafter« in die Vereinigten Staaten geschickt, um dort eine zionistische Pionierbewegung zu gründen.

Ich lebte zusammen mit meiner Frau Eda Zoritte drei Jahre in den Staaten. Drei Jahre nachdem ich nach Israel zurückgekehrt war, mußte ich aus familiären Gründen den Kibbuz verlassen. In Tel Aviv lebten wir in einem sehr kleinen Raum. Wenn man den Kibbuz verließ, bekam man absolut nichts, keinen Penny, man wurde als Verräter betrachtet. Heute ist das anders.

Wann fingst du an zu schreiben?

Im Alter von acht bis zehn Jahren. Ich schrieb Geschichten und Gedichte und versteckte sie vor meinen Eltern. Ich hielt sie in einer Schublade verschlossen. In der Schule schrieb ich Essays. Meine erste Geschichte erschien 1940 in einem angesehenen Literaturmagazin. Sie handelt von meinen Erfahrungen als Stauer im Hafen von Haifa und trägt den Titel: »Eine Ladung Ochsen«. Sie beschreibt ein Schiff mit einer Ladung Ochsen, die ausgeladen werden. Im Hafen liegt auch ein Boot mit Flüchtlingen an Bord, die von den Briten grausam an Land gebracht werden. Die Geschichte fand viel Anklang beim Publikum. Man sagte, es sei zum ersten Mal eine Geschichte über jüdische Hafenarbeiter geschrieben worden.

Hier in Tel Aviv begann meine literarische Karriere. Ich gab ein Literaturmagazin heraus, das »Massa« hieß und zweimal im Monat erschien. Wir veröffentlichten Texte fast aller jungen israelischen Schriftsteller. Es war 1950, kurz nach dem Unabhängigkeitskrieg. Wir hatten ein kleines Büro, und die Leute kamen in Uniform oder aus dem Kibbuz und brachten ihre Manuskripte. Zwischen uns allen herrschte Solidarität. Zu unserer Überraschung wurde die Zeitschrift so populär, daß wir alle zwei Wochen in den Kiosken fünftausend Exemplare verkauften. Das war eine ungewöhnlich hohe Anzahl für jene Zeit der großen Auswanderungswellen in der ganzen Welt.

Fünfhunderttausend Menschen, Holocaustüberlebende aus Europa und Menschen aus den arabischen Ländern, kamen in ein oder zwei Jahren hierher. Die Atmosphäre wandelte sich sehr und fand ihren Niederschlag in Lyrik und Prosa. Eine große Änderung hatte stattgefunden. Früher waren wir eine Gemeinschaft von Pionieren gewesen, von Freiwilligen. Jetzt entstand eine neue Ära. Wir wurden ein Staat. Für die Leute, die in den Zeiten des Mandats, vor 1948, aufgewachsen waren, bedeutete dies eine Änderung der Überzeugungen und schuf eine Art Antiklima. Alles wurde bürokratisiert, organisiert und von oben herab, von den Regierungsbehörden, angeordnet. Wir mußten uns an das neue Leben gewöhnen, unsere Mentalität ändern. Es gibt Erzählungen aus dieser Zeit, die die Krise beschreiben. Eine Sehnsucht nach den Gründerjahren kam auf.

Konntest du von deinen Büchern leben?

Wie in allen Ländern können die meisten der Schriftsteller in Israel nicht vom Schreiben leben. Sie machen andere Arbeiten, sie lektorieren, unterrichten, übersetzen, arbeiten als Journalisten. Ich arbeitete zunächst als Herausgeber des Literaturmagazins »Massa«, was mir aber nicht viel Geld einbrachte. Dann fing ich an, als Redakteur bei einer Tageszeitung den Literaturteil zu betreuen und Artikel zu schreiben. Ich hatte zweimal in der Woche eine Kolumne und konnte über alles schreiben, was ich wollte. So verdiente ich meinen Lebensunterhalt. Später konnte ich dann vom Schreiben leben, denn ich habe seitdem mehr als dreißig Bücher geschrieben: Romane, Erzählungen, Essays, Stücke. Einige der Bücher waren Bestseller, und es wurden Stücke von mir auf der Bühne aufgeführt. Seit einigen Jahren ist von mir kein Stück mehr gespielt worden.

Und »Foiglman«?

»Foiglman« ist ein Roman auf Hebräisch, der einem Stück für das jiddische Theater als Grundlage gedient hat. Von meinen Stücken wurden neun oder zehn vom israelischen Theater aufgeführt, die meisten im »Habimah«-Theater.

Wann gingst du das erste Mal nach Deutschland?

Wann war ich das erste Mal in Mainz?

1990.

Das war das erste Mal. Vorher wollte ich nicht nach Deutschland fahren. Ich wollte auch nicht, daß meine Bücher ins Deutsche übersetzt werden. Aber dann – in den späten Sechzigern – erkannte ich, daß ein anderes

Deutschland entstanden, eine neue Generation herangewachsen ist, die nicht die Verantwortung für die Sünden ihrer Väter trägt.

Wie war dein erster Eindruck in Deutschland?

Um dir die Wahrheit zu sagen: Ich habe mich bei jedem Schritt an den Holocaust erinnnert. Aber als ich den Menschen begegnete, hatte ich nicht das Gefühl, sie seien die Fortsetzung von Nazi-Deutschland, vielleicht auch, weil ich keine älteren Leute aus dieser Generation traf. Die Leute, denen ich begegnete, waren sehr intelligent und hatten den Wunsch, ihre Väter und Großväter zu verstehen. Sie wollten begreifen, wie dies alles hatte geschehen können, und sie fühlten sich auf irgendeine Weise schuldig. Sie versuchten intensiv, die Vergangenheit zu bewältigen. Und auf den Straßen, in den Läden, war alles wie in jedem anderen europäischen Land, ein ganz normales Leben. Dies ist meine persönliche Erfahrung.

Du hast zwei Kinder?

Ich habe zwei Söhne. Der ältere, Ejal, ist auch ein Schriftsteller, er schreibt Gedichte, Erzählungen und Romane. Der zweite Sohn, Amos, ist Geschichtsprofessor an der Universität von Haifa. Er hat gerade sein erstes Buch über die katholische Reformation im frühen Kolonial-Mexiko veröffentlicht (es ist beim Brill-Verlag in Leiden erschienen). Meine Frau Eda, deren Pseudonym Eda Zoritte ist, hat bisher Romane, Erzählungen und Monographien publiziert. Sie hat gerade einen Roman über Theodor Herzls Frau vollendet, Julia Herzl, der bald herausgegeben wird.

Du hast neulich einige Artikel gegen den Postzionismus veröffentlicht.

Nach 1967, während des Sechs-Tage-Krieges, als wir das von den Arabern besiedelte Land besetzten, entstand eine Protestwelle in Israel gegen die Landnahme in den besetzten Gebieten. Man verlangte unseren Rückzug angesichts der korrumpierenden Auswirkungen der Besetzung. Die offizielle Sicht war, daß wir die Gebiete behalten sollten, bis sich ein Partner für Verhandlungen finden würde. Es gab keinen solchen Partner, weil die PLO, die eine terroristische Organisation war, und die arabischen Länder offiziell gegen jegliche Verhandlungen mit Israel waren. Angesichts dieser Situation begannen leider einige Intellektuelle, die gesamte Geschichte des Zionismus aufzuarbeiten und unsere Berechtigung, ins Land zurückzukehren, in Frage zu stellen. Vielleicht war alles von Anfang an ein Fehler gewesen, und wir hätten nicht hierher kommen sollen. Sie zeichneten ein falsches Bild von der Vergangenheit, als wäre der Zionismus eine kolonialistische, imperialistische Bewegung mit dem Ziel, andere Völker zu unterwerfen oder sie aus dem Land zu vertreiben oder sich mit Gewalt in den Besitz ihres Landes zu bringen. Einige von ihnen begannen unsere historischen, kulturellen Wurzeln in diesem Land zu leugnen. Doch man sollte sich fragen: Warum kamen wir in dieses Land? Warum gingen wir nicht in andere Länder, um dort einen unabhängigen jüdischen Staat zu gründen? Warum nicht nach Argentinien, Uganda, Madagaskar? Es ist eine Tatsache, daß ein jüdischer Staat nur in dem historisch-biblischen Land erfolgreich aufgebaut werden konnte, in der Wiege einer Kultur und Religion, mit der sich all unsere Gefühle und Erinnerungen verbinden. Und wir waren erfolgreich. Ein Leben in Unabhängigkeit entwickelte sich, die hebräische Sprache erneuerte sich. Man darf dies nicht als etwas Künstliches oder Fanatisches oder nur Religiöses betrachten. Wenn du die hebräische Literatur der letzten zwei Generationen liest, die Gedichte, die Romane, dann siehst du, wieviel Liebe zu dem Land darin zum Ausdruck kommt. Man muß dies berücksichtigen, selbst unter einem politischen Aspekt. Wir konnten nicht woanders hingehen. Dies ist unsere Heimat.

Wir haben es erreicht, eine neue Gesellschaft aufzubauen. Die Sozialstruktur der Juden in der Diaspora war hauptsächlich die der Mittelklasse – Ladenbesitzer, Händler, Geldverleiher. Das zionistische Ideal wollte die Pyramide umdrehen und eine normale Gesellschaft hervorbringen, mit einer Arbeiterklasse, Landwirten, Seeleuten und anderen neuen Berufsgruppen. Das war das Ideal, und es wurde verwirklicht.

Warum hat dein Artikel diese starke Abwehr hervorgerufen?

Ich habe gegen die »neuen Historiker« geschrieben. Sie schilderten alle »Sünden« des Zionismus gegenüber den Arabern in einem solchen Ausmaß, daß die eigentliche Gründung des Staates Israel wie ein Sündenfall aussah. Sie ignorierten gänzlich das erklärte Ziel der Araber, uns auszulöschen. Diese »neuen Historiker« verfolgen politische Ziele. Sie sind vom extrem linken Flügel. Ich stehe auch links, ich bin für Verhandlungen, ich bin für einen Kompromiß, für einen Vertrag über den Rückzug aus den meisten besetzten Gebieten. Aber ich lehne es ab, daß man uns als den Bösewicht in diesem Drama im Mittleren Osten darstellt. Das Wesen des Zionismus ist, Seite an Seite mit den Arabern zu leben, und nicht, an ihre Stelle zu treten, mehr noch, ihnen zu helfen und ihre Möglichkeiten zu entwickeln. Die PLO-Konvention besagt, daß die Juden nicht das Recht haben, hier in diesem Land zu sein. Sie sagen, daß Zionismus illegal sei und der Staat Israel vernichtet werden muß. Trotz der Oslo-Vereinbarung haben sie diese Artikel bis heute nicht aus der Konvention gestrichen. Wie kann man mit Vertretern einer Gruppierung verhandeln, deren Ziel es ist, uns zu vernichten?

Wie denkst du über »Exil«?

In den letzten zweitausend Jahren des Exils haben die Juden immer für die Rückkehr aus dem Exil gebetet. Aber erst im neunzehnten Jahrhundert, wirkten sich das in der ganzen Welt, in Europa aufkommende Nationalbewußtsein und das Streben nach Unabhängigkeit auch auf die jüdische Bewegung aus. Sie wurde pragmatischer und setzte sich zum Ziel, das Ideal und die uralte Vision von der Rückkehr zu verwirklichen. Jetzt wurde die Emanzipation der Juden säkular, liberaler, stärker beeinflußt von den nationalen Bewegungen in Europa, in Serbien, Kroatien, der Tschechoslowakei, und den revolutionären Bewegungen in Rußland und anderen Ländern.

Die Verwirklichung des Zionismus begann mit einigen wenigen, vielleicht mit einigen hundert, einigen tausend Menschen, die nach Palästina kamen, um das Land zu bearbeiten. Viele waren enttäuscht und gingen zurück, aber der Kern war stark, und es folgte eine Einwanderungswelle nach der anderen. Diese große Bewegung brachte nicht nur die Erneuerung einer Kultur mit sich, sondern eine völlige Änderung der sozialen Struktur der Juden. Eine neue Ära begann.

Der Zionismus ging von Europa aus, und die Erneuerung der hebräischen Sprache fing in Europa an.

Was bedeutet »Exil« für dich persönlich? Ist Polen Exil?

Nenn' es Diaspora. Der Begriff »Diaspora« umfaßt alle Länder, in denen Juden außerhalb Israels leben. Es ist die Überzeugung des Zionismus, daß sich alle Juden in Israel einfinden sollen, doch nur wenige glauben, daß dieses Ziel sich verwirklichen läßt. Aber selbst wenn die Majorität der Juden nicht hier lebt, wird Israel immer der kulturelle Mittelpunkt der Judenheit sein. Da gibt es überhaupt keinen Zweifel. Selbst assimilierte Juden in Deutschland oder in Amerika schauen auf Israel. Hier findet sich ein Ausdruck von Unabhängigkeit, von etwas ganz Besonderem. Er beinhaltet die Kultur aller jüdischen Generationen. Und das wäre in keinem anderen Land möglich.

Was bedeutet der Tod von Rabin für das Land, für dich?

Rabin gehörte zu meiner Generation. Ich kannte ihn persönlich und stand seinen politischen Überzeugungen nahe. Er war ein Emblem der neuen Generation, weil sich in seiner Person alle Ideale der neuen Generation in Israel vereinigten. Er war zunächst vor allem ein Pionier, dann ein Soldat, zum Schluß ein Politiker. Was aber am besten das Trauma der jungen Leute erklärt – du hast all die Kerzen, die Blumen an dem Platz gesehen, wo er ermordet wurde – ist, daß er die neue Friedensbewegung symbolisierte und zugleich Israels Sicherheit symbolisierte. Diese beiden Punkte sind wesentlich für unsere Existenz in diesem Land.

Das Gespräch mit Aharon Megged wurde am 3. Juli 1994 und am 23. Februar 1995 in Tel Aviv geführt und von der Herausgeberin aus dem Englischen übersetzt.

Aharon Megged

geboren 1920 in Wloclawek/Polen, emigrierte 1926 mit seinen Eltern nach Palästina. Er lebte einige Jahre im Kibbuz. In den fünfziger Jahren war er Herausgeber einer literarischen Zeitung. 1968 bis 1971 war er Kulturattaché an der israelischen Botschaft in London. 1980 bis 1987 war er Präsident des Israelischen Pen-Clubs. Er ist Mitglied der Israelischen Akademie für die hebräische Sprache.

Er veröffentlichte zahlreiche Romane und einige Theaterstücke. Seine Werke wurden in verschiedene Sprachen übersetzt. Er erhielt zahlreiche Preise, unter anderem 1996 den Jerusalem-Agnon-Literatur-Preis.

Aharon Megged ist mit Eda Megged (Künstlername

Zoritte) verheiratet, hat zwei Söhne und fünf Enkelkinder.

Veröffentlichungen in deutscher Sprache: Das fliegende Kamel mit dem goldenen Höcker. Hanser 1991; Foiglman, Bleicher 1992; Heinz, sein Sohn und der böse Geist. Bleicher 1994.

Uri Avnery

Ich kam mit zehn Jahren in das damalige Palästina, gerade nach meinem Geburtstag. Ich fühlte mich wie neugeboren und hatte mich von meiner deutschen Vergangenheit ganz abgeschnitten. Ein Kind, das in ein neues Land kommt, will sich so schnell wie möglich assimilieren und fühlt sich eigentlich mehr dem Lande zugehörig als Kinder, die im Land geboren sind. Darum empfinde ich Israel ganz und gar als meine Heimat.

Zu Deutschland habe ich ein besonderes Verhältnis. Deutschland ist für mich weder Ausland noch Heimat. Frankreich ist für mich Ausland, England auch. Da meine Muttersprache Deutsch ist, habe ich nicht das Gefühl, in Deutschland wirklich im Ausland zu sein, aber anderseits auch nicht das Gefühl, in einer Heimat zu sein. Es gibt Dinge in Deutschland, die mir eine vergessene oder unbewußte Heimat zurückbringen, der deutsche Wald zum Beispiel, die grüne Farbe, die es bei uns in Israel gar nicht gibt, der Geruch der Bäume, solche Dinge erinnern mich an meine frühe Kindheit.

Bis zu meinem zehnten Geburtstag lebte ich in Hannover, in einem Stadtteil, der neben einem großen Wald lag, Waldhausen. Der Wald ist für mich eine Kindheitserinnerung. In dem Wald ging ich oft spazieren oder fuhr Rad. Wenn ich nach Deutschland komme, zieht es mich beinahe automatisch in den Wald hinein, da will ich spazierengehen und mich hinlegen. Das ist mir geblieben von meiner frühen Heimat und natürlich die deutsche Sprache, in der ich nach meinem zehnten Lebensjahr eigentlich nur mit meinen Eltern gesprochen habe. Meine Eltern, alle unsere Eltern haben nie Hebräisch gelernt. Wie viele deutsche Juden hatten wir eine Riesenkiste – genannt

»lift« – mit Büchern nach Palästina mitgebracht. Alle deutschen Klassiker stehen bei mir noch herum. Zwischen dem zehnten und dem fünfzehnten Lebensjahr las ich sie so gut wie alle, daher kann ich Deutsch, obwohl ich eigentlich die deutsche Sprache vierzig Jahre kaum gesprochen oder geschrieben habe.

In den letzten Jahren habe ich unter Druck wieder angefangen, Deutsch zu schreiben, und ich kann es zu meiner Überraschung besser, als ich dachte. Es lag alles in meinem Unterbewußtsein herum. Aber ich habe viel mehr auf englisch gelesen als auf deutsch, und die englische Sprache ist mir vertrauter als die deutsche.

Meine Heimat ist Israel, meine Sprache Hebräisch. Das sind keine ideologischen Definitionen, es ist einfach das Leben.

Meine Frau wurde in Berlin geboren, kam mit einem Jahr nach Palästina und sprach mit ihren Eltern auch Deutsch. Obwohl sie es kaum lesen und überhaupt nicht schreiben kann, spricht sie ein überraschend gutes Deutsch. Es würde uns aber nie einfallen, untereinander Deutsch zu sprechen. Es wäre unmöglich. Wir tun es nur, wenn wir deutsche Gäste haben. Das ist wie eine geteilte Heimat, und daran knüpft sich die Frage: Was ist Heimat überhaupt? – Im Deutschen sagt man Heimat, Vaterland, dafür gibt es in der heutigen hebräischen Umgangssprache nur ein Wort, »moledet«, das heißt Geburtsland. Man benutzt es gern im Sinne von Vaterland oder auch von Heimat. Im Englischen gibt es auch kein Wort dafür, man sagt »home«, man könnte »motherland« sagen, aber kein Mensch tut es. »My country« ist eigentlich das gebräuchliche Wort.

Ich war ein halbes Jahr in der Sexta auf dem Gymnasium und in derselben Klasse wie Rudolf Augstein, mit dem ich mich nach vielen Jahren wieder angefreundet habe. Dann wanderten wir aus. Im letzten halben Jahr vor der Auswanderung erlebte ich noch das Dritte Reich. Ich erinnere mich lebhaft daran und habe auch ein Buch, »Hakenkreuz« auf hebräisch, darüber geschrieben. Während des Eichmann-Prozesses schrieb ich es, um Israelis zu informieren, besonders junge Israelis. Man hört vieles über den Holocaust, doch man erfährt nichts über die Nazis, darüber, weshalb und wie sie an die Macht kamen und was in Deutschland geschah.

In Palästina besuchte ich noch drei Klassen der Volksschule und ging dann mit vierzehn Jahren arbeiten, weil wir sehr arm waren. In Deutschland waren wir sehr wohlhabend gewesen.

Kurz vor meinem fünfzehnten Geburtstag trat ich der Irgun bei, der rechtsradikalen Untergrundbewegung, die die Engländer als terroristisch bezeichneten. Ich blieb ungefähr vier Jahre bei der Irgun und trat dann aus, was sehr außergewöhnlich war, weil ich dem rechtsradikalen Kurs nicht zustimmen konnte. 1946 gründete ich eine politische Gruppe, sie hieß »Jung-Palästina« und war im Lande die erste, die für ein Bündnis mit der arabischen Nationalbewegung eintrat. Das hatte es vorher nicht gegeben. Wir vertraten die Idee, daß wir eine neue, eine hebräische Nation waren, nicht außerhalb des Judentums, aber eine neue politische Einheit. Ich schrieb dann ein Büchlein mit dem Titel: »Krieg oder Frieden in der semitischen Region«. »Die semitische Region« wählte ich als Begriff, der für Israelis und Araber zutrifft, als vereinigenden Begriff. In dem Büchlein vertrat ich die Meinung, daß unsere nationale Bewegung und die arabische Bewegung nicht Feinde zu sein brauchten, sondern gemeinsam in der Region kämpfen konnten. Damals waren die Engländer und Franzosen noch überall im Nahen Osten. – Die Bezeichnungen »Naher Osten« und »Mittlerer Osten« habe ich immer abgelehnt. Der Osten – von wo aus betrachtet? Es sind koloniale Begriffe, die im

Grunde mit der Region überhaupt nichts zu tun haben. – Das Büchlein erschien im November 1947, gerade vor Ausbruch des Krieges. Im Krieg trat ich in die Armee ein. Ich gehörte einer mobilen Kommando-Einheit an, die sehr berühmt wurde, sie hieß Simson-Füchse, Fast am Ende des Krieges wurde ich durch Bauchschüsse verwundet. Nach dem Krieg schrieb ich zwei Bücher darüber: »In den Feldern der Philister«. Es war der größte Erfolg, den ein hebräisches Buch bis dahin je erzielt hatte. Vor dem Krieg war ich wegen des Büchleins unbeliebt gewesen. Nun wurde ich über Nacht sehr populär und blieb es ein Jahr lang. Dann schrieb ich ein zweites Buch, »Die Kehrseite der Münze«, in dem ich das andere Gesicht des Krieges, die Greueltaten, schilderte und mich gegen den Hurrapatriotismus wandte, der damals aufkam. Über Nacht wurde ich sehr unpopulär. Man boykottierte das Buch.

Im Gegensatz zu Ben Gurion war ich vor dem Krieg überzeugt, daß wir in der arabischen nationalen Bewegung einen Bundesgenossen finden konnten. Auf beinahe allen Gebieten stand ich in allerschärfster Opposition zu Ben Gurion. Es ging nicht allein um die Frage: Wie stehen wir zu den Arabern, den Palästinensern? Die Frage war: Wie stehen wir überhaupt zum Staat Israel, was für einen Staat wollen wir? Wir waren während des Krieges der Überzeugung, daß es unser Staat war, wir hatten ihn aufgebaut. So konnten wir gar nicht akzeptieren, was Ben Gurion dann daraus machte. Ben Gurion schuf den Staat Israel wie er heute ist, einen jüdischen Staat, in dem keine Trennung zwischen Religion und Staat besteht, in dem Nicht-Juden eigentlich Gäste sind, nicht Mitbürger, und Juden besondere Rechte genießen, und zwar nicht allein das Recht der Rückkehr, wie man immer annimmt und viele Israelis glauben. Auch in anderer Hinsicht haben Juden besondere Rechte, die sehr gut getarnt sind. Doch wenn man die Gesetze wirklich kennt, sieht man in all den Gesetzen Paragraphen versteckt, die die Juden bevorzugen.

Wie denken Sie über Religion? Sie kannten noch Martin Buber.

Ich mochte Buber sehr gern, auf politischem Gebiet standen wir uns nahe, auf religiösem nicht, aber seine Art von Religion wurde auch von orthodoxen Juden abgelehnt. – Er trug kein Käppchen und war auch kein orthodoxer Jude. Wir arbeiteten ein wenig zusammen nach dem Krieg von 1948. Buber setzte sich tatkräftig für die Verständigung mit den Arabern ein, schon vor dem Krieg. Das war auf politischem Gebiet seine Hauptaktivität. Ich war damals gerade vom Militär entlassen worden und noch sehr jung. Die ganzen Ideen, die Buber politisch vertrat, waren nach dem Krieg überholt. Man mußte sie ganz neu denken, und da Leute wie ich es taten, war er sehr froh, die jüngere Generation kennenzulernen. Ich kannte ihn sehr gut, Buber. Er hatte eine ungeheure Ausstrahlung. Mein erster Eindruck von Buber war: Hier ist ein großer Mann. Von Gestalt war er ziemlich klein, und er hatte ein Prophetengesicht und auch eine impressive Art, sich auszudrücken. Manchmal hatte man das Gefühl, daß seine Art zu formulieren genauso wichtig war wie der Inhalt seiner Worte. Er konnte aber in Israel nie Fuß fassen.

In Israel ist unsere Religion durch die Überlebensfrage der Nation etwas ganz anderes geworden. Wir haben zwei Arten von religiösen Extremisten: die orthodoxen Orthodoxen und die politischen Orthodoxen. Es gibt einen extremen Flügel, der uns allen mit politischen Mitteln ein religiöses Regime aufzwingen will. Er hat aber im Grunde mit dem Staat Israel nichts zu tun, er lehnt den Zionismus ab und den Staat Israel. Das ist auch heute noch ein Problem. Jedes Jahr am Unabhängigkeitstag wollen diese Orthodoxen in den Schulen nicht die Fahne Israels hissen. Vorige Woche gab es Streit, weil bei einer religiösen Zeremonie der Staatspräsident nicht zugegen war. Die religiösen Juden hatten es abgelehnt, ihn einzuladen, weil er den Staat Israel repräsentiert. Den extremsten Flügel bilden vielleicht die Juden im Viertel Mea Schearim in Jerusalem, die »Neturei Karta«, das bedeutet: die Hüter der Stadt. Sie weigern sich zum Beispiel, die Steuern zu zahlen. Es ist eine ganz kleine Gemeinde, beinahe eine Sekte, extrem orthodoxer Juden, Fundamentalisten, die im Grunde nicht nationalistisch sind.

Dann gibt es einen anderen Flügel extremer Juden, den nationalistisch-religiösen, der heute in Israel den Kern der Rechtsradikalen bildet und stark faschistisch angehaucht ist. Dazu gehören auch die Siedler in den Westgebieten. Sie denken extrem antiarabisch, wollen eigentlich die Araber vertreiben und sind an all den politischen Aktionen der Rechtsradikalen in Israel entscheidend beteiligt. Auch der Mörder Yitzhak Rabins stammt aus diesen Kreisen.

Wie erklären Sie die Frage der Identität?

Wenn alle Menschen die Juden umbringen wollen und schon immer umbringen wollten, dann müssen wir Juden doch jemand Besonderes sein. Wenn man andere Leute umbrachte und umbringt, war und ist es nicht dasselbe, weder bei den Armeniern noch bei den Zigeunern noch jetzt in Jugoslawien. Man darf nicht vergleichen, denn wir sind einmalig. Das ist ein gewisser masochistischer Größenwahn, der immer wieder vorkommt, und der nicht nur mit dem Holocaust zusammenhängt. Neulich hat der »Spiegel« einen Artikel von mir über Herzl veröffentlicht. Die Redaktion hat mir nun eine Zuschrift übersandt, die Reaktion eines jüdischen Lesers, der sehr wütend auf mich war. Er kommt darauf zurück, daß es nicht allein beim Holocaust, sondern immer so gewesen ist, und er führt viele Beispiele an – Chanukka, die Makkabäer, die Perser –, um zu erklären, warum man die Juden umbringen will. Das Buch Esther zeigt zum Beispiel besser die jüdische Einstellung. Und es stimmt natürlich, daß die Juden sehr oft in verschiedenen Ländern zu verschiedenen Zeiten Verfolgungen ausgesetzt waren, und es ist sehr schwer zu erklären. Daß es irgendwann ein goldenes Zeitalter gab, in dem Juden wunderbar lebten, in Polen zum Beispiel, dies können Juden überhaupt nicht gelten lassen. Alle Juden sind überzeugt, daß die Polen die schlimmsten Antisemiten sind, schlimmer als die Deutschen. Oft scheint es, als hätten die Polen den Holocaust verschuldet und nicht die Deutschen. Doch warum lebten überhaupt so viele Millionen Juden in Polen? In keiner jüdischen Geschichte ist je mit einem Wort erwähnt worden, daß Polen jahrhundertelang ein Paradies für Juden war und das allerliberalste Land in Europa. Jeder bastelt sich seine Geschichte mehr oder weniger nach seinen Bedürfnissen, das ist klar, doch die jüdische Geschichte ist eigentümlicher als alle anderen. Ich habe einmal gesagt, die Juden hätten überhaupt keine Geschichte, die Juden hätten Mythen, eine Mythologie.

Wie verstehen Sie das Wort »Exil«, was bedeutet es heute für Sie?

Das Wort »Exil« ist Unsinn, im wahrsten Sinne des Wortes. Exil bedeutet, daß man irgendwo hingehört, von diesem Ort verbannt wird und dahin zurückkehren will. Exil, lateinisch exilium, banishment, exul, in der Fremde weilend, verbannt. Warum ist es Unsinn? Im Judentum geht der Begriff eigentlich auf die babylonische Verbannung zurück. Das scheint geschichtlich berechtigt, obwohl es auch verfälscht wurde. Es stimmt gar nicht, daß die Babylonier *alle* Einwohner des Königreichs Juda nach Babylon verbannten. Die Babylonier pflegten die Elite in die Verbannung zu schicken. Die Sowjets brachten die

Eliten immer um, die Babylonier waren humaner, sie verschleppten sie in all ihre eroberten Gebiete. Ein Teil jener, die nach Babylonien verbannt worden waren, kehrten fünfzig Jahre später nach Jerusalem zurück. Aber nach der babylonischen Verbannung lebte nie mehr die Mehrheit derer, die seitdem Juden heißen, in Palästina. (Es gab keine Juden vor der Verbannung, das Wort Judentum, Juden entstand nach der Verbannung. Es leitet sich aus dem Wort Judäa ab.)

Es gab das Nordreich und das Südreich.

Israel und Judäa. Das Königreich Israel vernichteten die Assyrer, die auch die Elite verbannten. Alle anderen blieben und werden seitdem Samariter genannt in der Gegend, die heute wieder Samaria heißt. Judäa vernichteten die Babylonier. Im babylonischen Exil gründeten die Verbannten eine neue Volksgemeinschaft, die kein Territorium brauchte und für die Jerusalem nur ein religiöser Mittelpunkt war, ähnlich – der Vergleich stimmt nicht ganz – wie Mekka für die Muslims oder Rom für die Katholiken. Von da an lebte die Mehrzahl der Juden außerhalb Palästinas, auch als die Makkabäer ein neues Königreich gründeten und siebzig Jahre lang kein Jude im Ausland daran dachte, sich dort anzusiedeln. Die wichtigsten und größten jüdischen Gemeinden waren in Alexandrien und in Babylonien. Hier hatte sich die bedeutendste jüdische Gemeinde gebildet, die später den babylonischen Talmud schuf. Alle wichtigen jüdischen geistigen Errungenschaften sind außerhalb Palästinas gemacht worden.

Was bedeutet demnach Exil für das Judentum?

Exil ist eine Erfindung. Man weiß nicht genau, wie man das nennen soll: Schicksalsgemeinschaft, Religionsgemeinschaft, Kulturgemeinschaft? Es gibt kein richtiges Wort dafür. Die jüdische Gemeinschaft in der Welt, die Juden, haben einen religiösen Mittelpunkt und sind auch verbunden durch eine Religion und eine geschichtliche

Erinnerung, die zum Teil historisch begründet, zum Teil erfunden ist. Diese geschichtliche Erinnerung wurzelt im Lande Palästina. Darum fühlten sich all jene im Exil, die außerhalb Palästinas lebten, aber nicht im Sinne, daß sie zurückkehren wollten, sondern daß eines Tages der Messias wiederkommen werde.

Ist Messias der Gesandte oder der Gesalbte?

Messias ist ein hebräisches Wort, es kommt von »maschiach«, das »gesalbt« bedeutet. Der gesalbte König. Eines Tages wird der Gesalbte wiederkommen, und in der jüdischen Religion ist der Gesalbte nichts Überirdisches, sondern eine irdische Gestalt aus der Dynastie des Königs David. Er wird die Juden aus der ganzen Welt nach Jerusalem zurückführen, die Toten auferwecken und überhaupt allen Völkern auf dieser Erde Gutes tun. Im Sinne der wirklichen jüdischen Religion besagt Exil, daß unsere Urväter nach Palästina kamen, Gott uns Palästina versprach und wir wegen unserer Sünden aus Palästina verbannt wurden. Wenn wir aufhören zu sündigen, wird eines Tages der Messias kommen und uns wieder in Palästina vereinigen. Aus diesem Grunde waren alle, ausnahmslos alle bedeutenden jüdischen Rabbiner gegen Theodor Herzl und gegen den Zionismus. Sie verfluchten und verdammten ihn, wie ein Christ den Antichrist verfluchen würde, nämlich als den allerschlimmsten Frevler gegen Gott. Herzl, der die Juden in Palästina zusammenführen wollte, maßte sich etwas an, was allein dem Messias zusteht, und verhinderte so das Kommen des Messias. Etwas Schlimmeres kann man sich gar nicht vorstellen. Exil hat nicht eine irdische Bedeutung in dem Sinne, daß wir mit Gewalt von einem Land verbannt wurden und wieder dorthin zurückkehren wollen. Diese Deutung beruht auf zwei Mythen, die für den Zionismus, für das zionistische Dogma lebenswichtig sind und ohne die der Zionismus gar nicht vorstellbar wäre:

– Kaiser Titus zerstörte den Tempel und vertrieb die Juden mit Gewalt aus Palästina.
– In jeder Generation wollten die Juden wieder nach Palästina zurückkehren.

Beides ist nachweislich Unsinn:

– Nach dem Aufstand im Jahre 70 n. d. Z. unter Kaiser Vespasian und nach dem zweiten Aufstand 135 n. d. Z. unter Kaiser Hadrian verwüsteten die Römer das Land wie überall, wo Aufstände ausbrachen. Doch die Landbevölkerung blieb, das Exil traf immer nur die Eliten in den Städten. In Massen wurden Juden in die Sklaverei verkauft. Es war nicht das Ende der Juden, die in Palästina lebten, und es betraf nur einen kleinen Teil der Juden, denn mindestens zwei Drittel der Juden lebten außerhalb Palästinas, und diese hatten nicht an dem Aufstand teilgenommen. Dies ist eine sehr bedeutende Tatsache: Es gab kein jüdisches Weltvolk in einer weltweiten Solidarität, es war ein Aufstand der Juden in Palästina.

Niemand verbannte die Juden. Sie verbannten sich selbst, sie zerstreuten sich. Lange Zeit war das Judentum eine proselytische Religion. Es stimmt nicht, daß die Juden niemanden bekehren wollten, erst später schlossen sie sich ab. In der ersten Zeit des Christentums konkurrierten Christen und Juden miteinander im ganzen Römischen Reich. Die Christen siegten, weil das Judentum eine aristokratische Religion war und nur die Aristokraten sich zum Judentum bekehrten, während die Massen der Sklaven und der Völker überhaupt sich eher vom Christentum angesprochen fühlten. Das Judentum war für sie eine abstrakte, elitäre Religion.

In keiner Generation versuchten die Juden nach Palästina zurückzukehren. Das läßt sich sehr leicht nachweisen, denn es gab verschiedene historische Abschnitte, in denen es möglich gewesen wäre. Zum Beispiel vor fünfhundert Jahren, als eine halbe Million Juden aus Spanien vertrieben wurde. Ich glaube, es waren so viele. Die osmanischen Sultane nahmen diese Juden mit offenen Armen auf und erlaubten ihnen, sich im ganzen osmanischen Reich anzusiedeln. Sefardische, das heißt spanische Juden, gingen überall hin. Elias Canetti kam aus Bulgarien, aus der Gegend nahe der rumänischen Grenze. Bulgarien gehörte zum osmanischen Reich. Dasselbe läßt sich von den Juden in Saloniki sagen, den Juden in Italien, in Serbien.

Einige gingen nach England, Holland, Hamburg zum Beispiel. Aber die Masse der spanischen Juden ließ sich in Marokko, in Ägypten, Smirna, in der Türkei selbst, in Konstantinopel nieder.

Sie sprachen Spaniolisch ...

... und gründeten wunderbare Gemeinden bis in die jüngste Vergangenheit. In ein einziges Land gingen sie nicht: nach Palästina.

Doch. Sefardische Juden gingen zu jener Zeit nach Safed.

Wann kamen sie? Viel später. Einige wenige Juden, aschkenasische und sefardische, Kabbala-Juden pilgerten aus religiösen Gründen ins Heilige Land. Ein paar Hunderte vielleicht von einer halben Million Juden im osmanischen Reich.

Meinen Sie, daß die Juden in gewissen Gegenden und Ländern durchaus verwurzelt waren?

Die Juden haben nie im Exil gelebt in dem Sinne, daß sie am nächsten Morgen nach Palästina zurückgekehrt wären, wenn es ihnen die Umstände erlaubt hätten. Es war ihnen möglich.

Napoleon Bonaparte rief am Anfang des neunzehnten Jahrhunderts, entsprechend seinen Plänen für das französische Imperium, die Juden auf, nach Palästina zurückzugehen. Er berief ein Sanhedrin ein. Nichts wurde daraus, weil für die Juden kein Anlaß bestand, auszuwandern.

Juden wandern nur aus, wenn Antisemitismus sie bedroht.

Dies geschah Ende des 19. Jahrhunderts. Mit dem Aufkommen des Nationalismus in Europa entstand auch der jüdische Nationalismus als Zionismus.

Der Zionismus begann nicht Ende des 19. Jahrhunderts mit Herzl, die Voraussetzungen waren mit Leon Pinsker, Moses Hess und anderen schon gegeben. Der politische Zionismus war eine Reaktion auf den europäischen Nationalismus und auch eine Imitation des Nationalismus und nicht ganz frei von Antisemitismus. Gewisse antisemitische Züge sind auch bei Herzl klar erkennbar. Wir haben in zionistischen Schulen hier im Lande auch an Antisemitismus teilgenommen, denn wir wurden im Haß gegen alles jüdische Exil erzogen. So kommen wir wieder auf den Begriff Exil. Exil heißt auf Hebräisch galut. Galut ist eine genaue Übersetzung von Verbannung und stammt aus der babylonischen Verbannung, galut bavel. In unserer Jugend war »galuti« in der zionistischen Sprache das übelste Schimpfwort, das man sich vorstellen konnte. Von jemandem zu sagen, »du bist exilistisch«, war das Schlimmste. Israel ist kein Exil, es ist Heimat. Als der Zionismus aufkam, wurde Palästina zur Heimat erklärt wie Deutschland für die Deutschen und England für die Engländer. Dies bedeutete, daß alle, die außerhalb Palästinas lebten, im Exil lebten und zu verurteilen waren, denn nun konnten sie nach Palästina zurückkehren. Sie taten es aber nicht und waren demnach Verräter, verächtlich heimatlose Gesellen, die es sich bequem machten im Ausland, statt hierher zu kommen und zu kämpfen. Alles, was damit zusammenhing, betrachteten wir mit der tiefsten Verachtung, zum Beispiel die jiddische Sprache. Als ich jung war, gab es nichts Verächtlicheres als die jiddische Sprache. Kein Kind, kein junger Mensch hätte auf der Straße Jiddisch hören lassen wollen.

Oder Deutsch.
Jiddisch war schlimmer, es war die Sprache des Exils schlechthin.

Das jüdische Schtetl, die jüdische Literatur, alles, was irgendwie mit dem Judentum außerhalb Palästinas in Beziehung stand, hieß »galuti«, exilistisch, und war daher verächtlich. Der Holocaust veränderte diese Einstellung, alle bekamen heftige Gewissensbisse. Von da an wurde alles idealisiert oder idyllisch verklärt, das schöne jüdische Schtetl, die warme jüdische Familie, die volkstümliche, reiche jüdische Sprache. Aber vor dem Holocaust gab es absolut antisemitische Elemente: Juden als Händler, feige Juden, galutische Juden, exilistische Juden. Man unterschied zwischen Juden und Hebräern – heute würde man sagen Israelis. Jede Epoche schafft sich die Geschichte, die sie braucht, um die Ziele zu erreichen, die die Zeit erfordert. Nennen Sie es Zeitgeist, wenn Sie wollen, im Sinne Hegels.

Was bedeutet Exil für Sie?
Das Wort existiert für mich nicht. Es war eine Erfindung für zwei verschiedene Perioden und zwei verschiedene Zwecke. Während der Jahrhunderte war das Wort Exil ein religiöser Begriff. Gott, nicht Titus, hat uns wegen unserer Sünden vom Land verstoßen, und eines Tages wird Gott in seinem großen Erbarmen und auch, weil wir aufgehört haben werden, Sünder zu sein, uns in unser Heimatland zurückführen, aber nicht das Heimatland in nationalem Sinne. Die Juden reden eigentlich gar nicht vom Land, sondern von der Stadt, von Jerusalem. Das ist Exil in dem einen Sinne. Es ist gesagt worden: Wenn alle Juden nur ein einziges Mal den Schabbat halten würden, käme der Messias und führte uns zurück in eine religiöse Heimat.

Der Zionismus übernahm all die jüdischen religiösen Begriffe und bewertete sie neu. Er wandelte den religiösen

Begriff »Heiliges Land« um in den nationalen Begriff »Eretz Israel«. Selbstverständlich war das nicht, denn Herzl wollte gar nicht Palästina. Er schlug Argentinien vor oder den Kongo, Uganda, Mosambik, Zypern, den Irak und Südafrika. Am Ende entschloß er sich doch, Palästina vorzuziehen. Also wurde Palästina die nationale Heimat, und wer außerhalb Palästinas lebte und lebt, war und ist im Exil.

Da man die beiden verschiedenen Exilsideen vermischte und nicht klar trennte, haben in der zionistischen, in der neuhebräischen Sprache sehr viele Wörter eine ambivalente Bedeutung. Es gibt zum Beispiel kein Wort für Emigration. Wir sagen »alija«, was immer »Einwanderung nach Palästina/Israel« heißt.

Was ist die genaue Übersetzung von »alija«?

»Alija« bedeutet »emporsteigen«, das Land verlassen heißt »jerida« – hinuntergehen. Das finden wir schon in der Bibel. Jakob, Abrahams Enkel, stieg nach Ägypten hinunter. So steht es in der Bibel. Warum? Das geschichtliche Palästina waren die Berge. Die eigentlichen Israeliten kamen nie bis zur Küste, sie hatten für das Meer überhaupt nichts übrig, sie hatten die Berge. Wenn man von Jerusalem nach Ägypten geht, dann steigt man hinunter, von allen Seiten steigt man hinunter. Auf Hebräisch heißt Pilgerfahrt »Alija B'regel«, »B'regel« bedeutet »zu Fuß«, zu Fuß hinaufgehen, emporsteigen.

Im heutigen zionistischen Sprachgebrauch spricht man von der ersten Alija 1882, der zweiten 1905, der dritten 1920, der vierten 1929, der fünften Alija 1933 und so weiter. Diese rein religiösen Begriffe sind vom Zionismus übernommen worden.

Sie sagen, daß Sie »post-zionistisch« waren.

Mein Vater war von Jugend an Zionist. Als meine Eltern 1913 heirateten, bekamen sie als Hochzeitsgeschenk auch einen Keren-Kajemet-Baum, eine Urkunde des Jüdischen

Nationalfonds über eine Baumpflanzung. In Deutschland gehörte ich von meinem neunten Lebensjahr an zu einer zionistischen Jugendbewegung in Hannover, mit Uniform und Wimpel wie in allen anderen deutschen Jugendbewegungen seinerzeit. Als ich 1933 nach Palästina kam, wollte kein Einwandererjunge und kein Einwanderermädchen irgend etwas mit dem Ausland zu tun haben. Sie wollten möglichst schnell wie alle anderen sein. Dafür gab es verschiedene Gründe: Kinder wollen ohnehin nicht auffallen. In einer Einwanderungsgesellschaft ist dieser Wille noch stärker ausgeprägt, weil die Unterschiede größer sind. Für uns kam noch die Exilproblematik hinzu. Exilistisch war ja das Schlimmste, was man sein konnte. Leute, die nach Palästina kamen, wollten nicht nur als im Lande geboren gelten, sie wollten auch noch mehr Söhne des Landes sein. Der Begriff »sabra« als Ideal, als mythologische Modellfigur des Guten und Schönen war das genaue Gegenteil von exilistisch. Exilistisch hieß zuviel reden, Theorien aufstellen, keine körperliche Arbeit tun. Ein Sabre war ein aufrechter, einfacher, praktischer Mensch, der Aufgaben auf sich nahm und ausführte, der mutig war und stolz. Groß, schlank, blauäugig und blond war ein Sabre, er hatte einige »arische« Charakterzüge. Ich hatte einen Freund, der an der Tel-Aviv-Universitat Professor für Psychologie mit dem Spezialgebiet »Vorurteile« war. Er stellte folgendes Experiment an: Er fragte die Studenten, welche die Eigenschaften eines Sabres seien, und schrieb diese Eigenschaften auf. Dann fragte er, wer im Lande geboren sei. Es war die Mehrheit. Doch keiner war blond. Die genannten Eigenschaften eines Sabres hatten nichts mit der Wirklichkeit zu tun. Wenn Sie heute Plakate sehen aus jener Zeit, finden Sie überall dieses Bild. Ich zeige Ihnen ein Bild von Kämpfern im Warschauer Ghetto, sie sehen absolut nicht jüdisch aus. Dasselbe gilt für das damalige Bild des Pioniers in Eretz Israel.

Diese Bilder sehen aus wie deutsche Propagandabilder aus der Zeit des Nationalsozialismus.

Damals dachte man, so müsse ein Sabre aussehen. In Wirklichkeit sah er anders aus.

Erzählen Sie mir etwas über Ihre Arbeit als Journalist und in der Friedensbewegung?

Ich war von 1950 bis 1990 Chefredakteur und Besitzer des wöchentlich erscheinenden Nachrichtenmagazins »Haolam hazeh«, »diese Welt«, wie mein Klassenkamerad Rudolf Augstein es in Deutschland war. Nach vierzig Jahren mußte ich es leider aus finanziellen Gründen aufgeben. 1965 gründete ich eine Partei, die denselben Namen trug. Es ging mir nicht allein um Israel und die Palästinenser, diese Frage war wesentlicher Bestandteil einer allgemeinen Auffassung von dem, was Israel eigentlich sein sollte: ein moderner, liberaler, israelischer Staat im Gegensatz zu einem jüdischen Staat. Ein jüdischer Staat hat eine Ideologie, gehört den Juden in der ganzen Welt, und nichtjüdische Bürger haben in ihm eigentlich nichts zu suchen. Aber hier ist eine neue Nation entstanden, sie ist demokratisch, pluralistisch und liberal, der Staat Israel gehört seinen Bürgern ohne Unterschied, seien sie jüdisch, arabisch, aschkenasisch oder sefardisch, Männer oder Frauen. Die israelische Gesellschaft soll eine liberale, demokratische, säkulare und fortschrittliche sein. In diesem Sinne haben wir in allen Lebensbereichen und an allen Fronten gekämpft für die Trennung von Religion und Staat, die bei uns bis heute nicht existiert, für die Anerkennung der Palästinenser, für den Frieden mit den Palästinensern, gegen die Theokratie, die in Israel heute noch herrscht, gegen die Verletzung der Bürgerrechte unserer arabischen Mitbürger, und überhaupt gegen die antiarabische Politik der Regierung. Und auf vielen anderen Gebieten haben wir Opposition betrieben. Die Zeitung war berühmt für ihren Kampf gegen Korruption. Beinahe alle wichtigen Korruptionsaffären im Land wurden von unserer Zeitung aufgedeckt.

Meine Partei war im Parlament vertreten. Zehn Jahre setzte ich mich im Parlament für die Belange ein, für die ich mit meiner Zeitschrift gekämpft hatte. Später ging aus dem Zusammenschluß unserer Partei mit anderen ähnlichen Parteien eine neue hervor, sie trug den Namen »Schelli«, die Abkürzung für Shalom L'Israel. Ende 1992, Anfang 1993 gründeten wir eine neue außerparlamentarische Friedensbewegung. Außerhalb meiner parlamentarischen Tätigkeit nahm ich in den vergangenen Jahren einige Male an Initiativen teil, die außerparlamentarische Friedensbewegungen hervorbrachten. 1957 riefen wir die »Semitische Bewegung« ins Leben, die erste politische Bewegung, welche die Gründung eines Palästinerstaates neben Israel vorgeschlagen hat. 1975, nachdem ich zum ersten Mal Kontakte mit der PLO aufgenommen hatte, gründete ich zusammen mit Gesinnungsgenossen einen israelischen Rat für den israelisch-palästinensischen Frieden. Wir pflegten Kontakte mit der PLO, zunächst geheime, dann offene. 1982, während des Libanon-Krieges, traf ich mich mit Arafat in Beirut, nachdem ich die Front durchquert hatte. Das war überhaupt die erste Begegnung zwischen Arafat und einem Israeli. Ende 1992, nachdem Rabin gewählt worden war – ich hatte dazu aufgerufen, Rabin zu wählen –, stellten die Friedensbewegungen in Israel ihre Aktionen praktisch ein mit der Begründung, Rabin vertrete ihre Ideen, also brauchten sie nicht mehr aktiv zu sein, dürften auch nicht aktiv sein, weil ihre Kritik die Regierung schwächen würde. Meine Freunde und ich dagegen gründeten Anfang 1993 eine neue Friedensbewegung und gaben ihr den Namen »Gusch Schalom«, Friedensblock. Wir wollten aktiv sein auf der Straße und gegen falsche Maßnahmen der Regierung protestieren. Wir müssen demonstrieren und das Volk aufklären. Gegenwärtig sind wir wieder tätig. In vier Punkten stehen wir in Opposition zur Regierung:

- Wir glauben, daß die Palästinenser das Recht haben, einen eigenen Staat neben Israel zu gründen.
- Wir meinen, daß Jerusalem die gemeinsame Hauptstadt beider Staaten, Palästinas und Israels, sein soll.
- Wir denken, daß die Grenze zwischen Israel und Palästina die ehemalige Grenze von 1967 sein muß, die sogenannte grüne Linie.
- Die Siedlungen in den besetzten Gebieten müssen aufgelöst werden.

Wir klären die Bevölkerung über all diese Fragen auf. Mitte 1995 ließen wir in der Öffentlichkeit ein Manifest erscheinen für Jerusalem als Hauptstadt zweier Staaten. Überraschenderweise unterschrieben fast siebenhundert prominente Israelis unser Manifest. Gerade heute haben wir erneut eine große Annonce mit allen Unterschriften in die Zeitung gesetzt. Es geht um die Diskussion über Jerusalem. Wir organisieren Veranstaltungen und Versammlungen, und wir demonstrieren, wenn es nötig ist.

Läßt sich das Exil der Palästinenser mit dem Exil der Juden vergleichen?

Die Palästinenser leben wirklich im Exil. Man hat sie im Krieg mit Gewalt vertrieben. Und sie wollen alle zurückkehren, denn für sie ist das Land kein abstrakter Begriff wie seinerzeit für die Juden. Jeder Palästinenser im Ausland sagt Ihnen, wenn Sie ihn fragen, aus welchem Dorf er kommt, in welcher Straße er einmal wohnte. Man erzählt, und vielleicht ist es wahr, daß heute noch Araber in Marokko die Schlüssel ihrer Häuser in Andalusien aufbewahren, aus denen sie vor fünfhundert Jahren vertrieben wurden. Das trifft auf sehr viele palästinensische Flüchtlinge zu, sie haben die Schlüssel mitgenommen, und sie glauben oder wollen glauben, daß sie eines Tages in ihre Häuser zurückkehren. Das war eine wirkliche Vertreibung, und in diesem Sinne ist auch ein wirkliches Exilbewußtsein vorhanden.

Wie beurteilen Sie die Situation der Palästinenser im Libanon oder in Jordanien?

Man muß unterscheiden zwischen dem nationalen Willen, das Recht zu haben zurückzukehren, und dem individuellen Willen, wirklich zurückzukehren. In Deutschland kennen Sie gewiß Palästinenser, die einen palästinensischen Paß, eine zweite Staatsbürgerschaft haben wollen wie manche Juden in der Welt auch. Sie möchten das Land besuchen, doch würden sie sicher nicht aus Mainz oder Frankfurt oder Münster in ihre ursprüngliche Heimat zurückgehen. So ein Problem ist immer individuell und setzt Sehnsüchte in die Welt.

Wer zurückkehren will, muß das Recht haben, es zu tun. Der Zukunftstraum ist eigentlich bereits Gegenwart geworden, denn einige Palästinenser können heute schon nach Gaza zurückkehren. Manche gehen zurück, manche nicht. Ich habe sehr viele palästinensische Freunde im Ausland, die alle große Patrioten sind, doch wenn sie nach Gaza umsiedeln sollen, haben sie Bedenken. Professoren, Diplomaten, ihre Familien leben in Europa, Amerika, sie haben ausländische Frauen geheiratet, ihre Kinder sprechen kein Arabisch. Nicht jeder Palästinenser wird zurückkommen, aber er wird dafür kämpfen, das Recht dazu zu haben. Und der wirkliche Kampf geht um das Recht. Ich sehe nicht ein, weshalb Israel den Palästinensern dieses Recht bestreitet. Das können wir gar nicht, insbesondere nicht, wenn es sich um die Rückkehr nach Gaza handelt, nach Ramallah, in die Gebiete um Nablus, die den Palästinensern de facto schon übergeben wurden. Warum sollten sie nicht das Recht haben, jeden Palästinenser aufzunehmen, den sie wollen?

Was bedeutet es, in der Diaspora zu leben?

Die Iren wurden durch eine Hungersnot aus Irland vertrieben und wanderten in Massen nach Amerika aus. Dort leben heute Millionen Iren, sie empfinden eine gewisse Zugehörigkeit zu Irland, sind aber Amerikaner geworden. Dasselbe läßt sich von den Italienern oder den Spaniern in Südamerika sagen und auch von den Juden, obwohl sie nie aus Palästina nach Amerika auswanderten. Das unterscheidet sie von den Iren, den Italienern, den Spaniern. Außerdem gibt es heute eine israelische Diaspora, sehr viele Israelis siedelten sich in Amerika an, heirateten eine Amerikanerin, ihre Kinder sprechen kein Hebräisch. Diese Israelis unterscheiden sich von den Juden. Sie wollen von ihnen überhaupt nichts wissen und sehen auf sie herab. Ein Jude in Amerika betrachtet sich heute wie ein Italiener, ein Mexikaner in Amerika. Sie sagen: Eretz Israel ist unser Heimatland, doch sie denken nicht im Traum daran, in diesem Land zu leben.

Der Zionismus wurde in sehr vielen Beziehungen verwirklicht und hat manches normalisiert. Ein Volk wie alle Völker zu werden, einen Staat wie alle Staaten zu haben war im Grunde der ganze Sinn.

Wie beurteilen Sie die Situation nach der Ermordung Rabins?

Hier in Israel gibt es Faschisten wie überall. Ein altes zionistisches Sprichwort sagt: Wir werden ein normales Volk sein, wenn wir Mörder und Huren haben wie andere Völker. Die hatten wir damals noch nicht. Heute haben wir, Gott sei Dank, Mörder und Huren im Überfluß. Und ich sage, wir sind ein normales Volk, wenn wir Faschisten und Nazis haben wie alle anderen Völker, und die haben wir jetzt auch. Es gibt bei uns faschistische Gruppen wie überall, vielleicht sogar in größerer Zahl als in vielen anderen Ländern. Rabins Ermordung war die Tat eines neofaschistischen religiösen Fanatikers, denn bei uns geht Faschismus oft mit religiösem Fanatismus einher.

Das Gespräch mit Uri Avnery wurde im September 1994 in Mainz und am 23. Februar 1996 in Tel Aviv geführt.

Uri Avnery
als Helmut Ostermann 1923 in Beckum geboren, emigrierte 1933 mit seinen Eltern nach Palästina. Von 1950 bis 1990 Chefredakteur des Nachrichtenmagazins »Haolam Hazeh«. Von 1965 bis 1973 und von 1979 bis 1981 Abgeordneter im Parlament. Er ist einer der bekanntesten israelischen Journalisten und Politiker und engagiert sich seit der Gründung Israels 1948 »als unermüdlicher und unerschrockener Kämpfer für den Frieden zwischen Palästinensern und Israelis«.

Für seine Friedensarbeit im Nahen Osten erhielt Uri Avnery im Juni 1995 den Erich-Maria-Remarque-Friedenspreis der Stadt Osnabrück, im September 1997 den Aachener Friedenspreis und im Dezember 1997 den Bruno-Kreisky-Menschenrechtspreis.

Veröffentlichungen in deutscher Sprache: Israel ohne Zionisten. Bertelsmann Verlag 1969; Mein Freund, der Feind. Dietz Verlag 1988; Wir tragen das Nessos-Gewand. Dietz Verlag 1991; Zwei Völker, zwei Staaten. Palmyra Verlag 1995; Die Jerusalem-Frage (Hrsg.). Palmyra Verlag 1996.

Else Levi-Mühsam

Nicht im Traum konnten meine Vorfahren ahnen, daß einige ihrer Nachkommen, soweit nicht umgebracht, wieder ins »Heilige Land« verschlagen werden würden, aus dem sie vor Jahrhunderten nach Germanien gekommen waren, um in Hessen, am Niederrhein, im Frankenland, später in Oberschlesien, im Westfälischen und auch in der heiligen Gemeinde zu Worms ansässig zu werden. Ebensowenig konnten meine Vorfahren wissen, daß am 8. Mai 1910 ein kleines Mädchen, Else genannt, in der schlesischen Stadt Görlitz zur Welt kommen würde. Das war ich, und ich hatte das Glück, als erstes von drei Mädchen eines liebenden Elternpaares geboren zu werden. Zwei Jahre später kam die kleine Lotte auf die Welt.

Erinnerungen an die zugefrorene Neiße, an das viele Sommergrün des großen Parks, Lieblingsaufenthalt unserer Kindheit, nach Jahrzehnten, schon von einer anderen Welt zu Besuch kommend: noch dieselben Bänke, als hätte die Zeit stillgestanden, um die herum sie mit dem Schwesterchen und ihren großen Puppenwagen gespielt hatte.

Meine fröhliche Mutter, Irma Kaufmann, war Rheinländerin und in Bautzen aufgewachsen, in der Sächsischen Oberlausitz. Mein Vater, Paul Mühsam, war mit seinen immer wieder Existenz suchenden Eltern in Chemnitz, später in Zittau gelandet, auch der Sächsischen Oberlausitz zugehörig, in dem sich seine Entwicklungsjahre vollzogen. Ich, Else, wurde indessen gleich als Preußin geboren, nachdem mein Vater sich 1905 in der preußischen Stadt Görlitz an der Neiße als Anwalt niedergelassen hatte.

Kriegskind und unterernährt, wurde ich für die ersten zwei Jahre in eine Privatschule gegeben, kam dann ins

Lyzeum, unsere »Luisenschule«, deren ihr später angegliederte Realgymnasiale Studienanstalt ich bis zum Abitur 1929 besuchte.

Ich wollte Bibliothekarin werden, mußte aber ein Jahr abwarten, bis die Praktikantenstelle in der Görlitzer Stadtbücherei frei wurde. Das Geschenk eines vermögenden Onkels ermöglichte mir zur rechten Zeit einen halbjährigen Auslandsaufenthalt nach meiner Wahl, allerdings in einem Mädchenpensionat, was mir nicht gerade zusagte. Ich wählte Genf, die Stadt des Völkerbunds, und ich gedenke in Dankbarkeit meines Onkels, der ein Opfer des Holocaust wurde.

Das »Pensionat de jeunes filles« gestattete mir den Besuch der Universität, ich belegte Literatur, Philosophie, Französisch und Völkerrecht, das mich besonders interessierte. Im letzten Monat verhalf mir eine erlangte Pressekarte zum täglichen Besuch der Sitzungen des Völkerbundes, des Vorläufers der UNO, mit seinem großen, heute noch bestehenden »Internationalen Arbeitsamt«. Ich erlebte die großen Politiker: Stresemann, Briand, McDonald, die führenden Persönlichkeiten der Friedensbewegung und auch Fritjof Nansen, durch dessen nach ihm benannten Paß unzählige staatenlos gewordene Flüchtlinge gerettet werden konnten. All dies in der wunderbaren Atmosphäre der Stadt Genf und ihrer Landschaft, des Salève und des Sees.

Aus meinen sehr bewegten Entwicklungsjahren, in denen ich nicht nur von meinem Elternhaus und den in diesen Jahren vielfältigen neuen Strömungen künstlerische und geistige Anregungen empfing, muß ich ein Erlebnis nachtragen: Ich war sechzehn Jahre alt, als Erich Mühsam uns in Görlitz besuchte und mir auf einem Spaziergang (den er von meinem Vater erbat) seine Sicht einer neuen Gesellschaftsordnung erklärte und ich zum ersten Mal den Namen Kropotkin hörte.

Mein Vater und Erich waren Vettern. Paul war mit ihm und seinen Geschwistern eng verbunden seit der Zeit, da er, der kleine Paul, während eines Schuljahres in des Onkels Familie in Lübeck gelebt hatte. Erichs politisch-gesellschaftliches Denken und Handeln, andererseits meines Vaters geistiges Weltbild, Antrieb zu seinem Werk – beider Grundlagen entspringen, wie ich es sehe, einer im Letzten religiösen Quelle und einer völkerumspannenden messianischen Sicht – doch das gehört nicht hierher. Beide haben mich entscheidend mitgeprägt.

Die Genfer Zeit ging zu Ende, und mit einigen Sprüngen kehrte ich nach Görlitz zurück. Der nüchterne Ernst des Lebens begann: ein Stenografiekurs und anschließend der – auch von meinem Onkel spendierte – Besuch einer Handelsschule in Berlin. Die politischen und wirtschaftlichen Verhältnisse wurden zusehends schwieriger, ich mußte an einen Brotberuf denken und das Bibliothekarsstudium vergessen. Das war im Herbst 1930.

Die Kurse in der Berliner Rackow-Schule sind mir nicht nur beruflich zugute gekommen: mein Leben lang habe ich vieles stenografisch notiert, es wurde sozusagen meine persönliche Geheimschrift, und später, in Palästina/Israel, sollte mir die englische Kurzschrift immer wieder zu mir gemäßen Arbeitsstellen verhelfen.

Mein berufliches Debut 1931: »Mädchen für alles« bei einem Berliner Wirtschaftsjournalisten. Reiche Berliner Zeit! Die große Mühsamsche Verwandtschaft – angesehene Ärzte, Anwälte, Presseleute – nur noch wenige Jahre, und sie würden in alle Länder der Erde vertrieben oder ermordet sein. Die Stadt abends, nachts gleißend erleuchtet. Die Liga für Menschenrechte, Paneuropa, Konzerte, die großen Filmtheater, das Romanische, und ja, die Freundschaften. Welch ein Reichtum, und gar für ein zwanzigjähriges Mädchen, drängte sich in diesen wenigen Jahren zusammen.

Mit meinem letzten Arbeitsplatz in dem großen Kaufhauskonzern Schocken in Zwickau, im Herbst 1933, schloß sich das Tor. Gleichzeitig mit den anderen jüdischen Angestellten wurde ich von dem NS-Betriebsrat entlassen. Was nun? Der innerhalb der Zionistischen Organisation neu geschaffene Verband des »Hechaluz« verteilte die jüdische Jugend Deutschlands auf große Bauerngüter, auf Kleinbetriebe und landwirtschaftliche Zentren im In- und Ausland zur Vorbereitung auf Palästina. Ich hatte das Glück, einem gärtnerischen Ausbildungszentrum in der lieblichen Lothringer Landschaft zugewiesen zu werden, hart an der Luxemburger Grenze, in Altwies/Mondorf les Bains. Wir waren ein kleiner Kibbuz von fünfzig jungen Menschen aus allen Teilen Deutschlands, wir froren und hungerten, aber wir waren jung. Es waren die letzten vergleichsweise sorgenfreien, ja romantischen Monate, ehe die Wirklichkeit eines vollkommen neuen Lebens in Eretz Israel beginnen sollte.

Die schmerzhafteste Zäsur meines Lebens: der große Abschied von Deutschland, von meiner Heimat. Ende November 1934 fuhr ich als Begleiterin meiner Großmutter von Dresden aus nach Eretz Israel. Meine Eltern erwarteten uns am Haifaer Hafen. Sie waren schon im September 1933 von Görlitz ausgewandert, nach demütigenden Diskriminierungen und nachdem mein Vater seine Existenz als Rechtsanwalt und das Notariat verloren hatte.

Als frühe Einwanderer der von Hitler vertriebenen »Jeckes« hatten sie ein Logierhaus in einem am Meer gelegenen Vorort von Haifa eröffnet, das für viele der damals existenzsuchenden deutschen Juden eine erste Station wurde. Meine Großmutter, Mutter ihrer einzigen Tochter, blieb bei ihnen.

Für mich kam nur *Jerusalem* in Betracht, die Stadt, in der die geistig-religiösen Größen lebten und ihr Wort aussandten, wie Ernst Simon, Martin Buber, Gershom Scholem, Hugo Schmuel Bergman. Auch Schalom Ben-Chorin und David Flusser gehörten dazu, beide eine etwas jüngere Generation.

In dieser einzigartigen Stadt sollte sich über drei Jahrzehnte die große mittlere Phase meines Lebens vollziehen.

Vorher: vergeblicher Versuch, mich in einem Kibbuz einzuleben. Ich mußte erkennen, daß ich für ein Leben in einem Kollektiv nicht geeignet bin, obgleich ich noch heute, selbst angesichts der Entwicklung, die auch die Kibbuzim erfahren haben, diese Form der Gemeinschaft als die einzige Verwirklichung eines sozialistischen Ideals sehe. Es war eine tiefe Enttäuschung, daß es mir nicht gegeben war, mitzutun.

Nach einem Jahr in der Siedlung Neve Jaakov nahe Jersualem als »Mädchen für alles« in einer Familie übersiedelte ich 1937 endgültig nach Jerusalem. Es war die Zeit der arabischen Unruhen, der »moraoth«, und der großen Arbeitslosigkeit. Die Engländer übten das Mandat über Palästina aus, man sah die britischen Militärs überall in ihren Jeeps umherfahren, man sah sie in den Veranstaltungen, den exklusiven Restaurants, in den Konzerten, die eleganten Offiziere mit ihren hochgewachsenen English ladies. Im Jerusalemer Radiochor sang ich inmitten von Juden, Engländern und Arabern. Es war eine reiche Zeit (für die politische Seite ist hier nicht der Ort!).

Wir jungen Neueinwanderer waren arm, wir lebten von Ich-weiß-nicht-was. Ich schlug mich in der ersten Zeit durch als Babysitterin, als Betreuerin nachts im britischen Kinderhospital, als Tippfräulein beim British Red Cross, als Bewacherin einer Ausstellung, und nicht zuletzt vorübergehend bei dem jungen Schalom Ben-Chorin.

Erste feste Anstellung 1937: bei dem Gründer des »Weltzentrums für jüdische Musik in Palästina«, Dr. Salli

Levi, Zahnarzt und Musikliebhaber, Freund der Musiker, die ihn liebten. Worum es ging? In dieser Vision eines »Weltzentrums für jüdische Musik in Palästina« ging es darum, die Werke jüdischer Musik, der liturgischen und weltlichen, im In- und Ausland zu erfassen, sie zu erforschen, aufzuführen und zu fördern. Es sollte eine weltweite Renaissance werden. Ein Kreis von Freiwilligen fand sich zur Mitarbeit bereit, vor allem waren Mitglieder der Exekutive der Jewish Agency und der Kulturabteilung des Waad Leumi große Hilfe. Der bekannte Jerusalemer Journalist Hermann Gerschom Swet, aus Rußland gebürtig, wurde Dr. Levis engster Mitarbeiter – die beiden waren ein Gespann. Mit mir als Sekretärin bildeten wir ein einträchtiges Trio.

Es wurde meine glücklichste Arbeit: unsere Korrespondenzen mit den großen Komponisten und Musikwissenschaftlern und die dreisprachige Zeitschrift »Musica Hebraica« mit ihren Beiträgen, die Vorbereitung von Konzerten – vielleicht die denkwürdigste Aufführung, die von Ernest Blochs »Avodat Hakodesch«. Noch heute singt in mir, die ich mitsang, das Tongewoge der einzelnen Gebete dieses Gottesdienstes.

Höhepunkt des von Dr. Salli Levi großangelegten Werks war die festliche Konstituierung des »Weltzentrums« unter dem Protektorat und in den Räumen der Jewish Agency. Das Gemälde Theodor Herzls blickte auf uns nieder.

Der Zweite Weltkrieg machte alles zunichte. Dieses einzigartige Stück jüdischer Musikgeschichte wartet auf Ausschöpfung und aufregende Entdeckungen in der Musikabteilung der Hebräischen Universitätsbibliothek in Jerusalem, unter dem Namen von Dr. Salli Levi. – Nach Jahren heiratete ich ihn, diesen lebensfrohen, hochmusikalischen Mann, der 1951 viel zu früh starb.

Meiner Zeit im »Weltzentrum für jüdische Musik«

folgten, nach zwei Anstellungen in Privatunternehmen, sechs Jahre als zivilangestellte Stenotypistin in den obersten Justizbüros der britischen Militärverwaltung. Sie fand ihr Ende mit dem Abzug der Engländer und der Ausrufung des Staates Israel im Mai 1948. Die folgenden und letzten vierzehn Berufsjahre arbeitete ich bei der Jewish Agency in der Spezialabteilung für die berufliche Integration der akademischen Elite aus dem Ausland. Sie endeten 1962 mit meiner vorgezogenen Pensionierung. 1964 schließt sich der Ring meiner längsten, der mittleren Lebensphase von drei Jahrzehnten in Israel, neunundzwanzig Jahre von ihnen in Jerusalem. Denn nach meines Vaters Tod 1960 – er hatte seine letzten Jahre bei mir gelebt – war mir klar geworden, daß sein 1933 zerstörtes dichterisches Werk in den deutschen Sprachraum zurückgebracht werden mußte, wo es seine Wurzeln hat und gewachsen ist. So ging ich im Mai 1964, wenn auch zögernd, in die Bundesrepublik, für eine gewisse, vorerst kurze Zeit. Ich wollte vor allem einen geeigneten Verlag finden für seine Lebenserinnerungen »Ich bin ein Mensch gewesen«, die er in Palästina/Israel niedergeschrieben hatte. Daß dieser neue Lebensabschnitt wieder drei Jahrzehnte umfassen würde, ahnte ich nicht.

Muß ich erklären, daß mich, bei aller intensiven Teilnahme meines lebhaften Wesens an dem neuen Leben, nie das ambivalente Gefühl verließ, mich in dem Land zu bewegen, in dem noch die Generation der Mörder am Leben war (sie ist es zum Teil noch bis heute), und wo ich tagtäglich mit Unbekannten zu tun hatte, die dem Führer zugejubelt und imstande gewesen waren, unter schlimmstem anderen, auch Menschenantlitz anzuspucken? Sodaß mich bei jeder neuen Begegnung sofort der Gedanke befiel: *Wer* warst du in jenen Jahren?

Doch dann – die vielen Menschen reinen Herzens, die mir Freunde wurden! Mein noch ohne Erfahrung begonnenes Unternehmen wurde von Anfang an ratend, fördernd, liebevoll von deutschen Freunden begleitet, ja, sie ermöglichten mir den Anfang. Es war vor allem der evangelische Theologieprofessor Dr. Heinz Kremers und seine Familie.

Von dem ersten Wohnsitz aus – zuerst war es Kettwig an der Ruhr bei Essen, später das geliebte oberbayerische Markt Neubeuern am Inn und zuletzt die reichen fünfundzwanzig Jahre in Konstanz am Bodensee – reiste ich kreuz und quer durch die wechselnden Landschaften und Städte, auch der Schweiz, mit den Lesungen aus meines Vaters Werk. Das Wichtigste war für mich, sein im höchsten Sinn religiöses Weltbild und dessen ethische Folgerungen weiterzugeben, wie es sich in Lyrik, in Prosa, auch szenisch (wie im »Ewigen Juden« und dem »Hügel«) und in seinen Tagebüchern und Memoiren kundgibt. Dieses Bestreben und seine Persönlichkeit zu erfassen wurde zu einer großen Bereicherung für mein inneres Wachstum.

Neben den Vorträgen oft wochenlang die Stille des Deutschen Literaturarchivs in Marbach am Neckar. Das Archiv hatte 1971 meines Vaters Nachlaß aufgenommen, dessen Bewahrung und Betreuung über meinen Tod hinaus mir ein großes Geschenk bedeutet. Zwölf Bücher meines Vaters, Neuauflagen und Auswahlbände, und einiges über ihn, konnte ich hier für die Veröffentlichung vorbereiten. Dem folgte die mich immer faszinierende Arbeit mit den Verlegern oder den Druckereien. Ich versuchte auch, der vielen vergessenen oder vergasten Dichter gedenkend, an den sprachgewaltigen Ernst Lissauer zu erinnern, der seine Erschütterung 1933 herausgeschrieen hatte, und Arthur Silbergleit, den oberschlesisch-jüdischen Lyriker, den sie in Auschwitz ermordeten. Ihm widmete ich auch ein Buch im Gedenken an ihn und seine Freundschaft mit meinem Vater.

In Deutschland gehörte ich einer Anzahl von Vereinigungen an. Von zweien vermochte ich mich nicht zu lösen, als ich im September 1995 nach Israel zurückkehrte: ich bin weiterhin Mitglied der »Künstlergilde Eßlingen« und des »Wangener Kreises«. Mein Vater und Arthur Silbergleit hatten schon der Literarischen Gesellschaft »Der Osten« angehört, die dem »Wangener Kreis« vorangegangen war. Dieser wurde nach dem Zweiten Weltkrieg von schlesischen Autoren gegründet und ist heute, wie auch die »Künstlergilde«, weit nach den östlichen Ländern offen. Einmal im Jahr kommen seine Mitglieder wie eine größere Familie in Wangen im Allgäu zu den »Wangener Gesprächen« zusammen. Mit beiden Vereinigungen fühle ich mich stark verbunden. Ich gehöre einfach mit dazu.

In den Konstanzer Jahren war ich aktives Mitglied auch des Internationalen Bodensee-Clubs in seiner Fachgruppe Literatur. Seine Mitglieder rund um den See treffen sich einmal im Monat im Alten Schloß in Meersburg zu Lesungen und Vorträgen und freundschaftlichen Gesprächen. Jedoch die Dr. Erich-Bloch-Judaica-Bibliothek der jüdischen Gemeinde ist mein besonderes Baby: ich durfte sie mit Dr. Bloch aufbauen und betreute sie nach ihm weiter bis zu meinem Abschied. Heute versuche ich von Jerusalem aus telefonisch noch ein bißchen weiter dabeizusein. Auch die Konstanzer »Gesellschaft für Christlich-Jüdische Zusammenarbeit« mußte ich verlassen, denn auf einmal stand der fünfundachtzigste Geburtstag vor mir, und da fragte ich mich zum ersten Mal: Ja, kann es immer so weitergehen? Ich war in all diesen Jahren jedes Jahr mehrere Wochen in Israel gewesen, hier lebten meine beiden Schwestern und ihre Familien, und meine Nächsten ruhen in seiner Erde. Und so war Jerusalem für meine letzte Lebensphase die sich ergebende Entscheidung.

Und nun lebe ich wieder hier, in meiner Stadt Jerusalem, die mir seinerzeit, für drei Jahrzehnte, eine zweite Heimat geworden war, und wo ich mich wieder zurechtzufinden suche. Das mir seit Jahren vertraute S. Moses-Elternheim in Baqa wird nun wohl meine allerletzte Station sein. Ich blicke dankbar auf mein reiches Leben zurück.

Die Lebensgeschichte von Else Levi-Mühsam wurde in Anlehnung an ein Gespräch am 12. Oktober 1996 in Jerusalem von ihr selbst geschrieben.

Else Levi-Mühsam
geboren am 8. Mai 1910 in Görlitz/Schlesien. Besuch einer realgymnasialen Studienanstalt bis zum Abitur. Beginn eines Studiums von Literatur, Philosophie und Völkerrecht in Genf. 1930 Ausbildung zur Sekretärin in Berlin. 1934 Auswanderung nach Palästina. Arbeit in Jerusalem als Sekretärin für die britische Militärverwaltung, für die Jewish Agency u. a. Nach dem Tode ihres Vaters, Paul Mühsam, und nach frühzeitiger Pensionierung zeitweise Übersiedlung nach Deutschland. Else Levi-Mühsam betreute dreißig Jahre lang das Werk ihres Vaters im deutschsprachigen Raum. Sie hat zwölf Bücher von Paul Mühsam in neuen Ausgaben und in über 100 Vorträgen wieder zugänglich gemacht. Weitere Vorträge über Arthur Silbergleit, Janusz Korczak, Ernst Lissauer, Hans Tesch u.a. Sie veröffentlichte ein Buch über Arthur Silbergleit.

Else Levi-Mühsam ist Mitglied des Wangener Kreises, der Künstlergilde Eßlingen und der Erich-Mühsam-Gesellschaft Lübeck.

Ehrungen: 1971 Max-Lippmann-Walter-Meckauer-Gedenkmedaille des Wangener Kreises; 1992 Ehrenbürgerin der Stadt Görlitz.

Sie lebt seit 1995 wieder in Jerusalem.

Jehuda Amichai

Ich bin 1924 in Würzburg geboren und ging dort in die jüdische Volksschule. Schon von der ersten Klasse an habe ich Hebräisch und Deutsch gelernt. Es war eine orthodoxe Schule, eine bayrische Staatsschule. 1935 wanderten wir nach Palästina aus. Wir konnten unsere ganze Habe und unser Geld mitnehmen. Mein Vater war Kaufmann. In Palästina, später in Israel, machte er alles mögliche, er gründete zum Beispiel eine Wurstfabrik in Petach Tikwa, er war ein sehr tüchtiger Mann. Später gingen wir dann nach Jerusalem.

Mit der Sprache hatte ich keine Probleme, weil ich Hebräisch konnte. 1942 meldete ich mich freiwillig in der britischen Armee, und dann war ich noch einige Monate nach Ende des Zweiten Weltkrieges 1945 bis Anfang 1946, im Auftrag der Hagana in einigen arabischen Ländern und trieb Waffenschmuggel. 1947 war ich in unserem Krieg im Negev bei der Palmach-Truppe.

Ich bin verheiratet und habe drei Kinder.

Ich war 15 Jahre lang Volksschullehrer. Ich hatte keinen Beruf, ich wollte auch kein Geld nehmen von irgend jemandem. Ich habe alles unterrichtet, erste, zweite Klasse, auch Turnlehrer war ich einige Zeit. Später habe ich als Hochschullehrer für hebräische Literatur gearbeitet.

Ich habe Lyrikbände geschrieben, zwei Romane, meine Werke sind in dreißig Sprachen übersetzt, eine der letzten Sprachen war Chinesisch, auch in Tokyo ist ein Buch von mir herausgekommen. Das ist in Kürze mein Lebenslauf.

Ich treffe kaum Schriftsteller, habe allerdings zwei sehr gute Freunde, einen in Amerika und einen in England, Ted Hughes und Stanley Moss. Beide sind Dichter. Andere Freunde sind zum Beispiel ein Professor für Genetik und ein Professor für Geologie. Für mich ist Geologie die wahre Theologie. Die Wüste. In einem Gedicht habe ich geschrieben: Das jüdische Volk ist weder historisch noch archäologisch, es ist geologisch.

Ich bin übrigens absolut kein Intellektueller. Das ist eine gewisse Einstellung zum Leben und zu allen Dingen. Dichtung ist eine gute Mischung, eine Frage von Intellekt und Gefühl. Intellektuelle verbeißen sich oft in links oder rechts. Sie sind sich ihrer Rolle in der Gesellschaft auch sehr bewußt, und dies ist sehr schlecht.

Fast alle meine Interviewpartner in Israel sagen: Israel ist kein Exil, Israel ist Heimat für uns.

Für viele war Israel ein Exil, weil sie die Sprache nicht sprechen konnten. Aber da ich die Sprache kannte, war es schon aus diesem Grund kein Exil. Viele der deutschen Juden, die hierher kamen, lebten in einer Art Ghetto, kulturell abgeschnitten, zweifach abgeschnitten, von der deutschen Kultur und von der hiesigen Kultur. Aber es gab auch sehr viele deutsche Juden, die großen Einfluß auf das Leben hatten, auch schon vor der Gründung des Staates Israel.

Welche Bedeutung hatte das Exil in der Geschichte der Juden?

Es hat die Juden in ihrer Kultur bereichert, auf eigenem Boden und auch in anderen Ländern. Im berühmten Gedicht von Jehuda Halevi, der vor tausend Jahren ein großer Dichter in Spanien war, heißt es: »Mein Herz ist im Osten, aber ich selbst bin am Ende des Westens, wie kann ich wieder Ruhe finden«. Das ist natürlich auch die jüdische Neurotik.

Was ist, wenn die Zionssehnsucht wegfällt?

Man kann genauso fragen, was ist, wenn ein Paar verliebt ist? Wenn die beiden heiraten, gibt es keine Sehnsucht mehr. Wenn der Mensch das bekommt, was er sich wünscht, dann muß er nicht schreiben, dann muß er nicht denken. Wenn man alles bekommt, was man will, ist es wie in »Faust«, es ist ein Kontrakt mit Mephisto. Die Angst, die nach Palästina zurückgekommen ist, ist die Angst vor dem Ende der Romantik. Jedes Jahr am Pessachabend beten sie den Seder: »Nächstes Jahr in Jerusalem«, und heute, wenn jemand das sagt, kann man ihm antworten: »Hör zu, kauf dir eine Karte von Lufthansa oder El Al, was schreist du und weinst du. Es ist genau wie in der Romantik, wenn ein Dichter schreibt »Wo bist du, ferne Geliebte«, und dann geht die Tür auf, und sie tritt herein. Oder jemand sagt: »Was schreist du. Hier ist ihre Telefonnummer, sie arbeitet von acht bis zwölf Uhr in der städtischen Bibliothek, du kannst sie ja abholen.« – Das will er gar nicht.

Ich meinte mehr das himmlische Jerusalem ...

Ja gut, das ist dann eigentlich nur, um die Romantik zu erhalten. Es ist ein Trick. Das Judentum hat das beibehalten, im Christentum ist der Messias ja schon gekommen. Es muß die Wiederkehr von Christus stattfinden, denn es ist nicht gut, wenn man sich nach nichts sehnen kann, wenn der Messias schon gekommen ist. Aber ich interessiere mich nicht für Theologie und Philosophie.

Im Judentum wird doch Religion gerade in ihrer dialogischen, zwischenmenschlichen Bedeutung erfaßt. Deshalb betonte auch Martin Buber: »Das Werk soll nicht bedeutender sein als der Mensch.«

Martin Buber weiß: Wenn ein Leben sich mit allen möglichen Kriegen und Sicherheitsmaßnahmen beschäftigen muß, dann lohnt sich wirklich nur die Essenz des Lebens, die Liebe, ein transzendentes Gefühl für irgend etwas. Ein Gedicht ist ein Gebet. Eines meiner letzten Gedichte endet etwa so: »Die Sprache ändert sich, Sprachen sterben aus und neue Sprachen kommen. Götter wechseln, verändern sich, es kommen neue Götter, aber die Gebete bleiben ewig.«

Wie war es, als Sie nach Israel kamen?

Wir kamen in die erste Moschawa nach Petach Tikwa, das war absolut das Gegenteil von Deutschland. Es gab keine Straßen, nur Sandwege und Zitrushaine. Man ging barfuß in die Schule. Wir hatten einen Esel. Es war ein Abenteuer, es gefiel mir. In Jerusalem besuchte ich dann eine sehr gute Mittelschule. Wir hatten ziemlich viele deutsch-jüdische Lehrer, durch die wir eine umfassende, gute Bildung erwarben. Auch außerhalb der Schule gab es viele Aktivitäten. Da war ein deutscher Kommunist, ein deutscher Meister im Halbschwerboxen. Er hatte eine jüdische Frau, und er hatte Deutschland verlassen müssen. Um sich zu ernähren, gab er Boxunterricht. Ich war vierzehn, fünfzehn Jahre alt, da habe ich bei ihm Boxen gelernt. Und noch viel mehr habe ich von ihm gelernt, er war ein außerordentlich gebildeter Mann. Über Rilke habe ich von ihm gehört, über Else Lasker-Schüler. Er hieß Horst Schade. Er schrieb ein sehr gutes Buch, ich glaube über sein Exil. Es heißt »Ein Engel war mit mir«.

Woran können Sie sich noch erinnern wenn Sie an Deutschland denken?

An alles. Ich lebte in Würzburg in einer jüdischen Welt. Es lebten etwa dreitausend Juden in Würzburg. Es gab ein jüdisches Lehrseminar. Mein Vater hatte einige geschäftliche Beziehungen zu Nichtjuden, und als wir auswanderten, sagten einige zu ihm: »Hör zu, der Hitler bleibt ja nicht lange, der meint es ja nicht so.« Wir hörten nicht darauf. Nicht nur das, der ganze Stamm, die Geschwister meiner Eltern, die Großeltern, alle wanderten aus. Ich war einer der wenigen jungen Menschen. Das war wirklich eine Ausnahme. Die Großeltern beiderseits waren Landjuden, und mein Vater stammt aus einem kleinen Ort, Giebelstadt bei Würzburg, und meine Mutter stammt aus einer wunderschönen Stadt, Gersfeld in der Rhön.

Wann gingen Sie das erste Mal wieder nach Deutschland?

1959. Da war ich drei Tage lang in Würzburg. Der Roman »Nicht von jetzt, nicht von hier« ist dort entstanden. Es war einerseits die Stadt meiner Kindheit. Ich hatte eine sehr schöne Kindheit. So wie es Regen und Schnee gab, gab es eben Antisemitismus, so wuchs ich auf, Antisemitismus gehörte dazu. Ich besuchte die Stätten meiner Kindheit mit allen möglichen Erinnerungen. Obwohl die Stadt beinahe vollständig zerstört war, hatte sich die Umgebung erhalten. Man sollte nicht glauben, daß in einer Stadt, die so schön ist, solche Dinge geschehen können. Man denkt, der Faschismus, der Nazismus herrschen in Industriestädten, wo Arbeiter schlecht leben und in Massenwohnungen hausen. Man denkt nicht an eine idyllische, romantische Stadt wie Würzburg.

Es gibt noch sehr viel religiösen Antisemitismus. Damals war er noch weiter verbreitet.

Absolut, es begann mit der Religion und übertrug sich dann auch ins Politische. Der Nährboden war da, durch Generationen.

Eine Frage zur heutigen Situation in Israel. Man sagt, die Flüchtlingsproblematik der Araber entspreche im Grunde der Flüchtlingsproblematik der Juden in diesem Jahrhundert. Engagieren Sie sich, weil Sie dies nachempfinden?

Eine ganz andere Situation! Das ist etwas, was mich sehr zornig macht. Diesen Vergleich hört man in Deutschland sehr gern. Er ist falsch. Die Araber waren hier 1947. Das Land wurde geteilt. Die Araber haben den Krieg angefangen, sie haben den Krieg verloren. Während des Krieges sagte man ihnen, sie sollten aus den Dörfern weggehen. Sie sind nicht gegangen. Es ist, als würde man sagen: »Die Deutschen haben sehr gelitten, im Krieg, und als Deutschland geteilt wurde.« Nein, das eine hat absolut nichts mit dem anderen zu tun. Aber es ist ein schlimmes Schicksal. Den meisten Arabern ist nicht bewußt, was ihre Führer ihnen da eingebrockt haben.

Wie kann man sagen, es sei das gleiche Schicksal? Es ist, als sagte man, Deutsche, die aus Ostberlin geflüchtet sind, sind genauso unglücklich wie die Juden, die auswandern mußten.

Und ich halte auch nichts von dem Schlagwort: »Wir leben im Jahrhundert des Exils.« Wir leben in schlimmen Zeiten mit großen Gefahren. Ein Vergleich wäre möglich, wenn Deutschland 1933 von jüdischen Staaten umgeben gewesen wäre, die alle gesagt hätten, wir wollen die Deutschen ins Meer werfen.

Die Araber und die Deutschen sind zwei Völker, die beide einmal offiziell gesagt haben, daß sie die Juden vernichten wollen. Aber selbst die Araber, hätten sie gewonnen, sie hätten nicht solche Gaskammern gebaut.

Wie beurteilen Sie die aktuelle politische Situation?
Was den Frieden betrifft, soll man alles ganz langsam angehen. Man kann nicht über Nacht alles erreichen. Der Friedensprozeß hat sehr viel mit Rabin zu tun. Ich wußte, er ist der einzige, der das machen kann. Rabin ist ein wirklicher General, wir waren im selben Palmach, wir sind dieselbe Generation. Friedensverhandlungen dürfen nur von ganz scharfen Advokaten geführt werden, nicht von sentimentalen Leuten. Nicht tanzen, nicht küssen, all diese Verbrüderungsszenen. Die Amerikaner sehen das so gern. Das ist alles Quatsch. Nach Umarmungen und Küssen gibt es oft eine Schlägerei. Wenn die Verhandlungen ganz langsam und gründlich geführt werden, dann hält der Frieden. Der Frieden hält nicht aufgrund einer einzigen Sensation. Ich war bei der Friedenspreisverleihung in Oslo dabei. Rabin zitierte ein Gedicht von mir in seiner Rede.

Das Wort für Toleranz und Geduld ist sehr, sehr ähnlich, sie haben denselben Wortstamm. »Sowlanut« bedeutet Toleranz und »sawlanut« bedeutet Geduld.

Das Gespräch mit Jehuda Amichai wurde am 28. Mai 1995 in Jerusalem geführt.

Jehuda Amichai
1924 in Würzburg als Ludwig Pfeuffer geboren; 1935 Emigration nach Palästina. Seit 1937 lebt er in Jerusalem; er ist verheiratet, hat drei Kinder und einen Enkelsohn.

Jehuda Amichai war Hochschullehrer für hebräische Literatur und veröffentlichte zahlreiche Gedichtbände, Erzählungen, Schauspiele, Hörspiele. 1982 erhielt Jehuda Amichai den Israel-Preis, die wichtigste Literaturauszeichnung des Landes. Seine Gedichte sind in siebenunddreißig Sprachen übersetzt. Er gehört zu den bedeutendsten Lyrikern Israels.

Veröffentlichungen in deutscher Sprache: Wie schön sind deine Zelte, Jakob. Gedichte, Piper 1988; Die Nacht der schrecklichen Tänze. Erzählungen, Piper 1990; Nicht von jetzt, nicht von hier. Roman, Piper 1992; Auch eine Faust war einmal eine offene Hand. Gedichte, Piper 1994; Landschaft offenen Auges. Schocken 1992.

Pnina Navè-Levinson

Ich bin 1921 in Berlin geboren und dort aufgewachsen. Meine Eltern, Max Fass und Sabine geb. Pflanzgraben und deren Freunde waren sehr stark jüdisch engagiert und zugleich Zionisten. Bei uns war die Beschäftigung mit jüdischer und deutscher Literatur, Musik, Geschichte selbstverständlich. Mein Vater war Privatgelehrter und Kaufmann. Durch sein großes Wissen und seine Anregungen lernte ich schon sehr früh Hebräisch. Als ich schreiben lernte, lernte ich auch Hebräisch schreiben und sprechen. Genauso wie ich jüdische Werke las, las ich alle deutschen Klassiker schon sehr früh. Die jüdische und die deutsche Kultur waren für mich eine organische Sache. Was ich, und später mein kleiner Bruder, lesen wollten, stand zur Verfügung und das Gespräch darüber auch. Meine Eltern waren Theater- und Opernliebhaber. Da meine Mutter alles sang, was sie gerade gehört hatte, kannte ich alle Arien aus allen Opern, ohne sie gesehen zu haben. Das gehörte zur Atmosphäre mit dazu. Sie hatte ein absolutes Gehör und eine sehr schöne Stimme. Dazu kamen die Museumsbesuche. Von dem Alter an, in dem man Kinder ins Museum bringt, hat mein Vater mich an Sonntagen mit ins Museum genommen. Ich kannte alle Museen in Berlin, sei es das ägyptische Museum oder die Nationalgalerie.

Wie gestaltete sich damals die zionistische Bewegung in Berlin?

Ich habe gerade vor kurzem beschlossen, Lebenserinnerungen von Leuten wie Kurt Blumenfeld zu finden. Ich war ja nicht dabei, wenn meine Eltern zu den Versammlungen gingen. Es war eine winzige Gruppe von Leuten, die sich regelmäßig jede Woche trafen. Ein Höhepunkt stellte für meine Eltern die Lesung Samuel Agnons in Berlin dar. Es gab nur sehr wenig Zionisten in Berlin.

Wann haben Sie das erste Mal bewußt die Bedeutung des Zionismus aufgenommen?

Der Zionismus war mir von Anfang an selbstverständlich. Im Damenzimmer, über dem Schreibtisch, hing die Palästinakarte, und als ich schreiben lernte, durfte ich am Schreibtisch meiner Mutter meine Schularbeiten machen. Es ist sehr schön, daß er heute noch bei meiner Tochter im Kibbuz steht. Ein Schreibtisch, der sich von der jungen Berliner Ehe meiner Eltern über ihre Auswanderung bis zu meiner Tochter erhalten hat. Wir hatten immer eine blaue Büchse. Am Freitagnachmittag wurde vom Taschengeld etwas in die Keren Kajemet-Büchse gegeben. Das waren Selbstverständlichkeiten. Wir wohnten erst im Hansaviertel, ich ging dort in die Grundschule, und dann in ein neusprachliches Lyzeum. Meine Eltern zogen um, als ich zehneinhalb Jahre war. Unser Geschäft befand sich in der Neuen Königsstraße, und es war einfacher, an den Friedrichshain zu ziehen. Dort ging ich in das Königstädtische Oberlyzeum, bis ich mich selber mit zwölf Jahren ausschulte, um in die jüdische Schule zu gehen. Ich teilte es dem Direktor von mir aus mit. Ich verstand mich sehr gut mit ihm. Er war Theologe und bewunderte, daß ich Hebräisch ohne Vokale lesen konnte. Mein Entschluß, die Schule zu verlassen, machte ihn traurig. Das war 1933/34. Als ich mit meinen Eltern sprach – ich wurde sehr modern erzogen – versuchten sie nicht, mir etwas auszureden. Sie fanden es vernünftig, daß ich nicht abwarten wollte, bis mir irgendwo etwas Unangenehmes begegnen würde.

Was veranlaßte Ihre Eltern auszuwandern?

Die Ereignisse in Deutschland, sonst wären sie nicht ausgewandert. Sonst hätte der Zionismus die Bedeutung gehabt, die er bis heute in England oder Amerika hat: Es ist eine Beziehung da, man setzt sich ein, aber nur ein winziger Bruchteil wandert nach Israel aus. Aber wir fühlten uns nicht als Vertriebene. Für meine Eltern stand fest, daß sie angesichts des politischen Klimas nicht in Deutschland bleiben wollten. Wir hätten auch nach Amerika oder England auswandern können, es war ja schwer, ein Zertifikat zu bekommen. Aber wenn man sich tatsächlich entscheidet, aus Berlin wegzugehen, was für uns eigentlich undenkbar war, dann kommt nur Eretz Israel in Frage.

Ich habe unser Weggehen von Deutschland niemals als eine Auswanderung, sondern als eine Alija verstanden. Wir wanderten in Eretz Israel ein, und jedes Mal, wenn ein Interviewer fragte: »Wie war das denn, als Sie auswanderten?«, antwortete ich: »Fragen Sie, wie es war, als ich einwanderte«. Ich bin eine »Olah«. Sie fragen nach der ersten Zeit in Palästina. Wir wußten ja, daß Tel Aviv kleinstädtisch war, aber ich hatte nicht so sehr damit gerechnet, daß Sand in den Straßen lag und man im Winter durch nassen Sand ging. Im übrigen hatte ich in der Schule phantastische Lehrer, darunter hebräische Schriftsteller, die mir erklärten, ich solle nicht mehr Deutsch schreiben, sondern Hebräisch, was ich dann sehr schnell tat. Es waren vor allem Ascher Barasch und Simon Halkin. Sie wurden für mich sehr bestimmend. Es gab auch andere Lehrer, die sehr profiliert waren. Was die Sprache betraf, wußten wir, daß dies die hebräische Renaissance war.

Sie hatten keine Schwierigkeiten mit der hebräischen Sprache?

Natürlich ist es etwas anderes, ob man eine Sprache in Berlin lernt oder in Tel Aviv noch Schulslang dazulernt. Ich machte dann das Abitur in Tel Aviv.

Sie studierten Judaistik, Romanistik und Erziehungswissenschaften. Warum wählten Sie Romanistik?

Ich habe mich immer für Sprachen interessiert und Dichtung übersetzt. Es gab Vorlesungen für Hörer aller Fakultäten, und ich suchte mir die romanistischen Fächer aus. Ich war mit dem Dozenten sehr befreundet, Professor Hiram Pery. Ursprünglich hieß er Heinz Pflaum und stammte auch aus Berlin, er war ein Cousin von Gershom Scholem. Mich faszinierte die Renaissance, ich habe mich immer mit Kunst beschäftigt. Ich habe auch gemalt und Kunstgeschichte betrieben. Während ich noch in Tel Aviv in die Schule ging, lernte ich bei Trude Heym, einer berühmten Kunstpädagogin und Bildhauerin aus Berlin, mit der meine Eltern bekannt waren. Bei ihr lernte ich einige Nachmittage in der Woche Kunst. Ich wollte eigentlich Kunst als Fach studieren. Bei Gershom Scholem studierte ich außerdem Jüdische Mystik.

Ich hatte in der Schule schon viele Sprachen gelernt. In Berlin hatte ich mit Englisch angefangen, dann nach dem Wechsel in eine andere Schule Französisch. In Israel lernte ich wieder Englisch, also wählte ich an Schule und Universität Französisch als freies Fach sowie Arabisch. Diese Sprachen brauchte ich für die Dinge, die mich interessierten. Es gab dann einen Italienisch-Kurs in der Schule, den besuchte ich auch. Mit Ausnahme der slawischen Sprachen kenne ich mich in den europäischen Sprachen gut aus.

Sie haben als erste Frau an der Jerusalemer Fakultät für jüdische Studien promoviert.

Ja. Ich wußte gar nicht, daß ich die erste bin, bis es mir mein Professor viel später sagte. Er rühmte sich immer damit, was ich nicht wußte. Aber es gab auch noch andere, die die ersten waren. Eine meiner Studienkolleginnen ertrotzte ihren Magister in Talmud, zu dem niemand von uns zugelassen wurde. Sie hatte die Kombination Botanik und Talmud. Es gab so ausgefallene Kombinationen, daß mir meine völlig normal erschien.

Wie war Ihre Begegnung mit Martin Buber?

Meine Eltern hielten die »Jüdische Rundschau«. In der »Jüdischen Rundschau« erschienen – abgesehen von den zionistischen Artikeln – laufend Teile von Bubers Bibelübersetzung. Ich schnitt sie aus, nahm mir die hebräische Bibel und arbeitete damit. Als ich später in Tel Aviv zur Schule ging, waren schon mehrere Bände erschienen. Ich benutzte sie und die Luther-Übersetzung. Es war schwer, die Bibel auf hebräisch sehr intensiv zu studieren. Buber gehörte einfach immer dazu. Meine Eltern sind natürlich zu Vorträgen von Buber in Berlin gegangen, ich nicht, aber irgendwo gab es immer ein Bild von ihm, und als ich in Jerusalem das Studium begann, meldete ich mich bei ihm an. Ich studierte ja nicht bei ihm. Er lehrte Soziologie, und ich konnte nicht alles belegen. Ich nahm an Seminaren von ihm teil, aber außerhalb der Universität. Ich brachte ihm den Anfang meiner Übersetzung von Rilkes »Duineser Elegien«, weil ich wollte, daß er davon wußte. Von dem Tag an kannten wir uns persönlich. Im Laufe der Zeit wurde ich seine Mitarbeiterin.

Sie haben in der Erwachsenen- und Lehrerfortbildung weitergearbeitet, die er praktisch auch durch die jüdische Volkshochschule in Deutschland begründete.

Ja. Diese Lehrerfortbildung wurde in Israel weitergeführt. Es genügt ja nicht, daß ein Lehrer einmal etwas gelernt hat. Da gab es viele Kurse und Literatur für Lehrer, und ich unterrichtete dort. Das war mir wichtig.

Wie reagierten Sie nach dem Krieg auf die Nachrichten aus Deutschland?

Schon während des Krieges erhielten wir Nachrichten. Wir waren alle krank. Man wußte nicht, wie man weiterleben sollte von Tag zu Tag. In der Presse stand nichts darüber, es war ein furchtbares Trauma. Wir sind niemals damit zurechtgekommen. Das kann man auch nicht. Wir freuten uns immer für alle, die rechtzeitig hatten ausreisen können, und fragten uns immer wieder: Warum haben wir den Staat Israel nicht zehn Jahre früher bekommen.

Sie wuchsen in der deutschen und in der hebräischen Sprache auf. Was bedeutet es für Sie, nach dem Krieg Deutsch zu sprechen?

Keiner von uns sprach auf der Straße Deutsch. Es war die Sprache des Feindes. Gershom und Fania Scholem wohnten im Nachbarhaus. Zu Hause sprachen sie Deutsch. Es kam vor, daß er im Haus sagte: »Fania, soll ich eine Flasche Milch mitbringen.« Er ging dann einkaufen. Sowie er das Haus verlassen hatte und auf der Außentreppe stand, sprach er Hebräisch. Es gab zu viele Menschen, für die Deutsch anstößig war. Es waren während des Krieges ja auch sehr viele englische Soldaten da. Es wäre undenkbar gewesen, neben britischen Soldaten Deutsch zu sprechen, was immer sie uns angetan hatten. Ich hörte zum ersten Mal eine deutsche Vorlesung, als ich sie selber hielt. Ich sprach weder mit Ernst Simon noch mit Martin Buber Deutsch und hörte sie nie Deutsch sprechen. Die Seminare wurden auf hebräisch gehalten, auch wenn sie außerhalb der Universität stattfanden. Ich schrieb keine Seminararbeit, keinen Aufsatz, nichts auf Deutsch. Dann hörte ich einmal einen einzigen deutschen Vortrag von Max Brod. Da ich Max Brod sehr verehrte, und immer sehr viel von ihm las, gab mir der Vortrag weniger als das, was ich schon von meiner Kindheit her kannte. Brod war zu eitel, das störte sehr. So konnte ich mich nicht richtig auf den Inhalt konzentrieren. Mit Torczyner (Tur-Sinai), dem großen Sprachwissenschaftler, sprach ich doch nicht Deutsch, nur weil er aus Berlin war.

Wann haben Sie das erste Mal wieder in deutscher Sprache gearbeitet?

1961 rief mich Schalom Ben-Chorin an und sagte: »Die wollen ein Buch von mir haben, über die neue hebräische

Literatur. Da kenne ich mich nicht aus, und Du kannst kein Deutsch. Laß uns das Buch zusammen machen. Sie brauchen es ziemlich bald für eine Reihe«. Ich sagte: »Ich fange an, und sehe, ob ich das überhaupt kann. Entweder mache ich die Arbeit auf Deutsch oder überhaupt nicht.« Es wurde ein Schockerlebnis. Ich ging nämlich in die Bibliothek und machte mir Notizen, und am nächsten Tag setzte ich mich an die Maschine und schrieb. Ich hatte neben der Maschine hebräische Aufzeichnungen und dachte: »Jetzt schreibe ich zunächst einmal eine Einführung in die hebräische Sprache.« Da rollten mir die seitenlangen Thomas-Mann-Sätze entgegen, die ich noch nie im Leben bewußt gedacht hatte. Es war ein Schlüsselerlebnis in meinem Leben. Ich machte fünf Sätze daraus, und so schrieb ich die ersten Seiten. Ich sagte Schalom Ben-Chorin: »Ich kann es schreiben!« Dem Verlag teilte ich mit, daß sie sicherlich einiges verändern würden. Einen Satz veränderten sie, und zwar inhaltlich. Das Buch trug den Titel »Die neue hebräische Literatur« und vermittelte einen Überblick durch die Jahrhunderte. Dieses Buch half vielen deutschen Studenten, Israels Geschichte zu verstehen.

Sie haben in beiden Sprachen wissenschaftlich und literarisch gearbeitet.

Ich habe natürlich immer Deutsch gesprochen, allerdings nicht innerhalb der Universität oder als ich zusammen mit Buber arbeitete. In der Zwischenzeit hatte ich hin und wieder etwas auf deutsch geschrieben, und Buber bat mich, wie bereits früher, um Mithilfe bei dem vierten Band. Ich nahm Korrekturfahnen mit nach Hause, wir saßen bei ihm und überlegten und führten Diskussionen auf hebräisch. Plötzlich bekamen wir beide gleichzeitig einen Lachanfall, weil wir zum ersten Mal bemerkten, daß wir Hebräisch über seine deutschen Stilfragen sprachen. Dies war uns nicht bewußt gewesen. Da Buber über das Phänomen der Zweisprachigkeit schrieb, konnten wir an uns die Probe aufs Exempel machen. In der Folge arbeiteten wir auf deutsch weiter.

Ich weiß andererseits, daß viele Leute nie richtig Hebräisch gelernt haben und andere wiederum als Kinder hierher kamen und nie Deutsch geschrieben haben. Ich hatte ja schon in Deutschland angefangen zu schreiben, als Kind. Ich war immer in beiden Sprachen zu Hause. Ich kann mich umstellen, auch auf Englisch. Es sind drei Sprachen, auf die ich mich je nach Denkgebiet oder Gefühlsbereich bewußt umstellen kann. Manche Dinge denke ich nur in Englisch, andere wiederum in Hebräisch. Es gibt natürlich Überlappungen.

Was bedeutet für Sie persönlich der Begriff »Exil«, und was bedeutet er für das Judentum?

Ich habe keine Exilerfahrung. Ich kam aus einer Heimat, von der ich mich hatte lösen müssen, in eine andere, die mir immer vertraut gewesen war. Unter »Heimat« verstehe ich den ganzen geistigen Umkreis und die Landschaft. Ich hänge stark von optischen Eindrücken ab, von Landschaften, von Farben. Wenn Sie Heimat und Exil gegenüberstellen, dann würde Exil etwas Fremdes oder Vertreibung bedeuten. Ich fühlte mich nicht vertrieben. Es war eine Entscheidung der Familie, die ich bewußt mittrug.

Was Exil im Judentum bedeutet? Heine hat gesagt, die Bibel sei die tragbare Heimat, und genau darauf kommt es an. Mein Mann hat im vorigen Jahr seine Autobiographie veröffentlicht »Ein Ort ist, mit wem Du bist.« Das Buch handelt von dieser Erfahrung. Seine Lebenserfahrungen sind viel extremer als meine. Er mußte in die jüdische Schule wechseln. Leo Baeck rettete meinem Mann das Leben, indem er ihm sagte: »Sie müssen weggehen.« Es war 1941, als er bei Baeck studierte. Die Eltern bekamen nach langen Mühen die Einreisegenehmigung für Amerika.

Ich persönlich habe Israel nie als Exil empfunden. Ich konnte weiterhin die Schule besuchen. Unsere Familie fühlte sich hier zu Hause, trotz aller Schwierigkeiten und obwohl unser Leben damals auf eine heroische Weise in einer Zwei-Zimmer-Wohnung gutbürgerlich war. Unsere beiden Kulturen bestanden weiter, vom politischen Aspekt abgesehen, den man natürlich nicht aussparen kann. Für mein Lebensgefühl vermißte ich nichts. Menschen freilich, die mir viel bedeuteten, waren nicht da. Meine Freundin konnte nicht kommen. Sie hat ihre eigene Lebensgeschichte gehabt. Natürlich gab es großen menschlichen Verlust. Verwandte wanderten nach Nordamerika aus, nach Südamerika. Als ich das Abitur machte, begann der Weltkrieg. Es gab viel Beängstigendes.

Exil hat für mich auch etwas Kreatives bedeutet, wenn ich ganz von meiner Person absehe. Es gibt ein rabbinisches Wort: »Gott hat Israel in alle Welt zerstreut, damit die Völker den Weg zu Gott lernen.« Eine rein missionarische Aufgabe, die die Christen dann zerstört haben. Jahrhundertelang blieb es ja ungewiß, ob die Welt christlich oder jüdisch wird. An und für sich ist die Diaspora ganz anders, als sich in einem Schema darstellen läßt.

Es gab immer ein Zentrum und eine Peripherie, oder das Modell von Leo Baeck, die Ellipse mit den beiden Brennpunkten. Wenn ich keine Ellipse habe, sind die beiden Brennpunkte Eretz Israel und Babylonien oder Israel und New York ohne Sinn. Dies ist eine kreative Form des Judeseins. Das Jüdische ist oft ein sehr bewußtes, assimiliertes Bürgertum, das beide Kulturen verbindet oder die eine vergißt. Doch das Pendel schwingt zurück, und die folgende Generation interessiert sich wieder für das Vergessene. Ich habe niemals, auch wissenschaftlich betrachtet, Exil und Diaspora mit einem Elendsdasein gleichgesetzt. Nach Vertreibungen, nehmen wir das dreizehnte Jahrhundert, gab es immer wieder eine Persönlichkeit, die andere um sich scharte und bewirkte, daß eine neue Epoche der jüdischen Geschichte begann, in winzigen Gemeinden, die sich neu bildeten. Wichtig ist, daß das innere Bewußtsein jüdischer Inhalte und Werte, jüdischer Kultur im Säkularen und im Religiösen erhalten bleibt.

Ich weiß nicht, ob ein jüdisches Badehaus oder Tanzhaus etwas Religiöses oder Säkulares ist. In jeder jüdischen Gemeinde der Vormoderne mußte es ein Badehaus geben, eine Mikwe, und ein Tanzhaus für die Feiern, zunächst ein Kinderlehrer, und dann, in der Folge, eine Synagoge. Das ist die ganze Kultur, die Lieder, die Trachten. Die jüdische Geschichte ist nicht allein eine Geschichte der Verfolgung, sonst gäbe es uns überhaupt nicht mehr, sondern auch die Verbindung von Kulturen, ob in Italien oder anderswo. Nehmen wir zum Beispiel die Juden der Renaissance. Damals kamen die Prälaten in die Synagogen, es wurde auf italienisch gepredigt, es gab Chöre, und Christen gingen dort ein und aus.

Die jüdische Kultur ist so vielfältig und deshalb so faszinierend. Es geht nicht um die Gegenüberstellung: hier Verfolgungsgeschichte und da Befreiung.

Sie haben in Israel das liberale Judentum gefördert.

Ich gehöre zu den Gründerinnen. Schon in Berlin war ich ganz bewußt liberale Jüdin und lernte trotzdem sehr viel von meinem Großvater, der ein Chassid war. Er lernte mit mir Talmud, sowohl in Berlin als auch in Tel Aviv. In Tel Aviv war es ein Schulfach, und dort brauchte ich es wirklich. Mein Großvater mit seinem langem Bart, dem großem Hut und den schönen langen Peijes war ein ausgesprochener Feminist, der mir sagte, man könne mit mir Talmud lernen, ich sei ja wie ein Junge. Jemand, der ganz altmodisch ist, kann gleichzeitig sehr liberal sein. Wir hatten ein traditionelles Haus, jeder nicht fanatische Jude konnte bei uns essen. Den ausgeprägten Fanatismus, den wir heute erleben, gab es damals gar nicht und auch vor zwanzig Jahren nicht. Wer einigermaßen normal und menschenfreundlich war, konnte als frommer Jude bei uns essen. Es wurde alles sehr natürlich gehandhabt. Für mich war wichtig, daß es eine liberale Bewegung gab, und für mich war es ein Verlust, daß der Zionist Rabbiner Dr. Joachim Prinz nicht nach Israel, sondern nach Amerika auswanderte. In Berlin hatte er durch seine Predigten, seine Bücher, seinen Mut einen ungeheuren Einfluß auf uns alle gehabt. Wären Menschen wie Prinz und andere wichtige Leute hierher gekommen, dann hätte das religiös-liberale Judentum sich in Israel vielleicht besser entfalten können.

Wie unterscheidet sich das liberale Judentum vom Reformjudentum und vom orthodoxen Judentum?

Wir fassen im allgemeinen Reformjudentum und liberales Judentum zusammen, obwohl es Unterschiede gibt. Etwas radikalere Gruppen wollten beispielsweise den Schabbat auf den Sonntag verlegen. Es waren ganz kleine Gruppen. Andererseits waren in Deutschland vor dem Krieg die liberalen Gemeinden in der Mehrheit, und sie sind es seit dem vorigen Jahrhundert in Amerika. Solche Leute verbinden die Kulturen. Alles, was ich Ihnen geschildert habe, ist typisch für das liberale Judentum. Nehmen Sie den führenden deutschen Rabbiner Leo Baeck. Er wollte kein Judentum mit Eigenschaftswörtern, Judentum ist Judentum. Dennoch war er kein orthodoxer Jude. Mit der Zeit gehen, auf das eigene Gewissen hören und dabei die Tradition hervorheben. Das ist liberales Judentum. Orthodoxie kann genauso dem Zeitgeist entsprechen. Doch was jeden Orthodoxen radikal unterscheidet, wie modern er oder sie auch sein mag, ist die unumstößliche Überzeugung, daß der Pentateuch, die Thora, eine himmlische Gabe, das Wort Gottes ist. Ich sehe aber nie einen Unterschied zwischen dem, was intelligente Orthodoxe tun, und dem, was Liberale tun. Es gibt nämlich keinen Unterschied, außer in der Soziologie und in der Lebensform.

Sehr viele Orthodoxe beteiligen sich am christlich-jüdischen Dialog, aber in einem Ausschuß, in dem auch Liberale vertreten sind, arbeiten sie nicht mit. Heute erleben wir den Einbruch der Politisierung und des Fundamentalismus auch im Judentum. Um so entschiedener bin ich liberal.

Das Judentum ist aufgrund der ständigen Veränderung und der Frage, was die Religion den Juden heute bedeutet, noch eine zeitgemäße Religion, im Gegensatz zum Islam.

Es gibt hier und da Reformen im Islam, in Indien, in Pakististan, aber die Leute haben es furchtbar schwer und werden meistens angefeindet. Wir arbeiten ja auch im interreligiösen Kontext.

Worin besteht Ihre Arbeit für den christlich-jüdischen Dialog in Israel?

Ich mache diese Arbeit seit den sechziger Jahren. Worin besteht sie in Israel? Genauso wie überall in der Welt treffen sich Christen und Juden, hören Vorlesungen, führen gemeinsam soziale Aktionen durch, an denen viele orthodoxe Juden teilnehmen. Seit den frühen dreißiger Jahren arbeiten wir auch mit Muslimen zusammen. Heute gibt es orthodoxe Juden, wie den Rabbiner Prof. David Rosen, einen sehr interessanten Mann, der auch mit dem Vatikan in Verbindung steht, und andere Orthodoxe in Israel, die zum Beispiel auch dem Verband »Rabbis for human rights« angehören, in dem mein Mann und ich auch sind. Allerdings bin ich nicht ordiniert, sondern nehme mehr als beobachtendes Mitglied teil. Die Rabbinerinnen sind natürlich Mitglieder.

Die unterschiedlichsten Christen beteiligen sich am Dialog. Neulich fand ein interreligiöser Abend mit sehr aktiven Frauen statt. Eine Referentin war Prof. Alice

Shalvi, eine orthodoxe Jüdin und Vorkämpferin für Frauenrechte. Auch Rechtsanwältinnen nahmen daran teil, und die arabische Seite vertrat eine muslimische Lehrerin und Dichterin aus Haifa. Es ergeben sich die verschiedensten Begegnungen. Ich arbeite seit Jahrzehnten zusammen mit Vater Prof. Marcel Dubois, einem weltberühmter Dominikanerpater, der auch Vatikanberater war. Er ist israelischer Staatsbürger, lehrte jüdische Philosphie an der Hebräischen Universität. Eine wichtige Funktion in der Begegnung der Religionen hat seine Mitarbeiterin, die Berliner Pfarrerin Petra Heldt, die seit langem in Jerusalem lebt. Sie ist die Generalsekretärin der theologisch-ökumenischen Fraternität.

Die Rechtsprechung, auch in bezug auf die Frau, erfolgt durch das Rabbinat. Was halten Sie davon?

Die Thora bestimmt die Gesetze. Da bleibt dem Rabbinat gar nichts anderes übrig, als sich nach den eigenen Spielregeln zu richten, die indessen auch Raum für Neuerungen gewähren. Sie besagen: »Wenn jemand wegen etwas anfragt, dann muß man dem nachgehen und den Forderungen stattgeben.« Das tut das orthodoxe Rabbinat Schritt für Schritt. So bestehen schon seit langem viele Lehreinrichtungen für Frauen, die sich mit Thora, Talmud und dem jüdischen Recht beschäftigen. Es gibt wie in jedem Rechtssystem vieles, das verbessert werden müßte. Darum wird ständig gerungen.

Christinnen sind so oft so unglücklich in ihrer Kirche, man zieht dann eine Parallele zum Judentum. Das ist aber nicht richtig. Jüdische Frauen wurden immer wieder beneidet, weil sie eine sehr viel bessere Stellung in der Gesellschaft hatten, weil sie Geld verwalten konnten. Es gibt natürlich immer unglückliche Ausnahmen. Ich spreche von der Regel. In talmudischer Zeit gab es die Finanzmeisterin, die den männlichen Untergebenen die Anweisungen erteilte. In biblischer Zeit bestanden Frauen darauf, ihr Erbteil zu bekommen, und es wurde dann ein Gesetz in der Thora. Da gab es die Frau, die als Hure verschrien war und dann die Stammutter der Könige und damit auch die Stammutter Jesu wurde. Sie war ja keine Hure, sondern hatte sich ihr Recht erstritten. Mit diesen faszinierenden Frauen in der Geschichte habe ich mich beschäftigt. Heutzutage gibt es im israelischen orthodoxen Rabbinat seit sechs Jahren Kurse für Frauen, die Rechtsvertreterinnen im Rabbinatsgericht sind. Das hat es in der ganzen jüdischen Geschichte noch nicht gegeben. Einige orthodoxe Fachfrauen verlangten es. Die Rabbiner prüften den Antrag und hatten nichts dagegen einzuwenden. Sie änderten die Studienordnungen. Und jetzt liest man in den Zeitungen die Annoncen »Rechtsvertreterinnen für Scheidungsangelegenheiten« und ähnliches.

Was sagen Sie zu der ersten Rabbinerin in Deutschland?

Die erste nach dem Krieg, denn die erste Rabbinerin überhaupt in Deutschland war meine Berliner Lehrerin Regina Jonas, die 1944 in Auschwitz umkam. Sie stammte aus Berlin und war orthodox, sehr arm, sie bekam die Möglichkeit, an der Hochschule für die Wissenschaft des Judentums zu studieren. Sie legte alle ihre Examen für das Rabbinat ab, schrieb eine Dissertation über die Rolle der Frau als Rabbinerin. Die Ordination erfolgte durch den Talmuddozenten, und dieser weigerte sich, obwohl sie alle Examen bestanden hatte und Leo Baeck für sie eintrat. Es gibt aber auch Privatordinationen, unter der Voraussetzung, daß sie von jemandem erteilt werden, der dazu berechtigt ist. So erhielt sie in Offenbach die Privatordination, Fräulein Rabbiner Jonas. Sie war in Berlin Predigerin, war Lehrerin und im Anfang auch meine Privatlehrerin für Hebräisch – eine strenge Frau, eine Frau, die wußte, daß sie in sehr schwierigen Lebens- und Berufsumständen lebte. Der Titel war anerkannt, sie arbeitete viel. Viktor Frankl hat bezeugt, wie großartig sie später mit ihm zusammen Menschen im KZ betreute.

In den siebziger Jahren erhielt Daniela Thau ein Stipendium der Berliner Gemeinde, um in London liberale Rabbinerin zu werden. Aber in Deutschland stellte man sie nicht an, sie lebt in England. Vor einigen Jahren gründeten Frauen die erste Nachkriegsgemeinde in Oldenburg. Sie wählten die konservative Rabbinerin Bea Wyler. Sie betreut auch die Gemeinde Braunschweig und unterrichtet an der Universität. Manche mögen das nicht, aber auch männliche Rabbiner haben es nicht leicht.

Sie haben auch in der Frauenforschung gearbeitet.

Jahrzehntelang habe ich mich mit jüdischer Frauenforschung befaßt, weil es auch in der Renaissance, in der Literatur zum Beispiel, interessante Frauen gab. Das hing mit meinem Romanistikstudium und anderen Themen zusammen, an denen ich arbeitete. Die Frauengeschichte ist durch die feministischen Bewegungen, jüdischen wie die christlichen, ganz besonders interessant geworden. Wir können unsere Gegenwart nur meistern, wenn wir die Frauengeschichte besser erforschen. Ich habe es schon immer gemacht und drei Frauenbücher geschrieben, das letzte hieß: »Esther erhebt ihre Stimme, jüdische Frauen beten.« Ferner habe ich die neuen Frauenfragen in der Neuauflage meiner »Einführung in die rabbinische Theologie« aufgenommen, mit einer eigenen Bibliographie. Im Deutschen gibt es nicht viele Arbeiten darüber. Man kann jüdische Geschichte nicht verstehen, wenn man die Frauengeschichte von einem Vorurteil aus betrachtet. Eine Minderheit kann nur so gut sein, wie ihre Frauen es sind. In der jüdischen Zivilisation ist es seit viertausend Jahren so. Ohne Mirjam hätte es keinen Moses gegeben. Dann hätte es auch kein Judentum, kein Christentum und keinen Islam gegeben. Eine jüdische Historikerin prägte das Wort, daß wir unsere brauchbare Vergangenheit erforschen. Wir dürfen unsere Vergangenheit nicht einseitig, von irgendwelchen männlichen oder gar abstrakten Gesichtspunkten ansehen. Ich habe mich damit beschäftigt, längst bevor es moderne Frauenbewegungen gegeben hat. Hinter jedem Mann, hinter jedem Rabbiner stehen seine Frau und seine Töchter, Schwestern. Es sind doch keine katholischen Priester. Ich bin überzeugt, daß die biblischen Schriften nicht nur von Männern verfaßt wurden, sondern auch von Frauen. Wir können nicht von einer Männerkultur ausgehen. Warum sollte eine Männerkultur solche gesetzlichen Regelungen festlegen wie: »Der Mann soll seine Frau lieben wie sich selbst und mehr ehren als sich selbst. Mehr für sie sorgen, als für sich selbst.« Das gibt es in keiner Kultur der Welt, nur im Judentum.

Sie haben einen Artikel geschrieben »Der schwierige Dialog zwischen Juden und Christen«. Wie gestaltet sich der jüdisch-christliche Dialog in Deutschland?

Von Martin Buber stammt der Ausdruck »Vergegnung«, eine fehlgeschlagene Begegnung. Zwar gibt es tausend, zehntausend, vielleicht hunderttausend Leute, die seit ihrer Studienzeit sich dafür einsetzen, daß das Christentum menschlicher gestaltet wird, weltoffener, als sie es gelernt haben, und sie ihre eigenen Wurzeln als Gegenwart erfahren. Vielleicht sind es Hunderttausende, aber wieviel Millionen Deutsche gibt es, die noch nie davon gehört haben? So ist es weltweit. Wir können nur hoffen, daß dieser Dialog sich ausbreitet. In zwanzig Jahren oder in zweihundert. Aber wir müssen uns da einsetzen, wo wir die Möglichkeit dazu haben. Ich und auch andere haben die Erfahrung gemacht, daß uns die Christen sehr übel nehmen, wenn wir sagen, wir machten keinen Unterschied zwischen den Religionen. Entscheidend ist, ob Menschen sich ethisch verhalten oder nicht, unter welchem Etikett, ob buddhistisch, atheistisch oder katholisch, ist gleich. Im Judentum gehen wir vom Handeln aus. Dabei stützen wir uns auf die sieben noachidischen Gesetze als Bund mit der Menschheit, mit der Natur. Das ist der noachidische Bund. Er wird rabbinisch so aufgeschlüsselt, daß es sieben Gebote des Unterlassens gibt und ein Gebot des Tuns, gleich welcher Religion ein Mensch angehört. Wer sich an diesen Bund hält, führt zu einer friedlichen Menschheit. Und das verstehen wir unter messianischer Zeit.

Wie beurteilen Sie die aktuelle Situation in Israel?
Wir leben ja noch nicht in der messianischen Zeit, wir sind auch nicht die besseren Christen. Von uns wird immer verlangt: Seid die besseren Christen, denn Ihr habt soviel gelitten. Wir wollen schlicht und einfach leben. Und wie jeder andere Mensch auch müssen wir dafür sorgen, daß wir eine Gesellschaft bilden, in der Juden leben können und natürlich auch andere Menschen. Mir ist immer sehr wichtig, daß jeder fünfte Israeli ein arabischer Israeli ist, ein israelischer Staatsbürger, der in die Knesset gewählt werden kann. Wo gibt es in Deutschland einen türkischen Staatsbürger, der Mitglied des Parlaments ist? Wir tun die Dinge, die wir tun können, wenn sie nicht an unser Leben rühren. Die nächste Kandidatin auf der Avoda-Liste ist eine wunderbare, eine großartige Frau – die erstens schön ist und zweitens klug und in ihrer Gesellschaft gegen die Gewalt in der Familie kämpft, eine christlich-arabische Sozialarbeiterin in Tel Aviv-Jafo, eine Kollegin meiner Tochter, die auch Sozialarbeiterin ist. Ich warte darauf, daß sie in die Knesset kommt. Diese Frau wird von allen für ihren politischen Kampf bewundert. Natürlich hat man ihr die Männer vorgezogen. Doch wenn jetzt einer von ihnen sein Mandat abgibt, ist sie in der Knesset als christliche israelische Araberin, die den Mund nicht hält, sondern aufmacht.

In Finnland haben wir einen arabischen Botschafter,

der sich seit Jahrzehnten in der Friedensarbeit engagiert. Er ist Ko-Direktor des Ulpan Akiba, einer Einrichtung in Natanja, in der Hunderttausende von Israelis und Ausländern die Friedensarbeit gelernt haben und nicht nur Sprache.

Ich sähe es gern, wenn in irgendeinem arabischen Land ein dortiger Jude oder Christ, der dezidiert christlich oder jüdisch ist, Botschafter wäre. Das heißt für mich Friedensarbeit. Es geht nicht weiter, wenn man sich mit dem Erreichten begnügt, sich darauf ausruht. Es ist ein Tropfen auf den heißen Stein.

Das Gespräch mit Prof. Dr. Pnina Navè-Levinson wurde am 17. März 1997 in Hamburg geführt.

Pnina Navè-Levinson
geborene Fass, geboren am 3. April 1923 in Berlin. Besuch eines neusprachlichen Lyzeums, später der jüdischen Schule in Berlin.

1935 Einwanderung in Palästina zusammen mit ihren Eltern. Abitur in Tel Aviv. Studium der Judaistik, Romanistik und der Erziehungswissenschaften an der Hebräischen Universität Jerusalem. Abschluß 1945 mit dem M. A. 1952 erwirbt sie als erste Frau an der Jerusalemer Fakultät für Jüdische Studien den Doktorgrad. Von 1950 bis 1960 ist sie Redaktionsmitglied der Encyclopaedia Hebraica. Sie ist Mitarbeiterin von Martin Buber bei Werkausgaben und übersetzt einige seiner Essays erstmals ins Deutsche. Seit 1960 nimmt sie am christlich-jüdischen Gespräch in Israel teil. Sie ist Mitbegründerin der ersten liberalen Synagoge in Israel. Sie lehrte als Gastprofessorin an der Universität Heidelberg (bis 1986) sowie an der Pädagogischen Hochschule Heidelberg und an der Hochschule für Jüdische Studien in Heidelberg. Sie war langjähriges Mitglied des Gesprächskreises Juden und Christen am deutschen Evangelischen Kirchentag sowie beim Zentralkomitee der deutschen Katholiken. Sie hält zahlreiche Vorträge in Akademien und Kirchen beider Konfessionen und veröffentlicht Beiträge in vielen kirchlichen Sammelbänden und Zeitschriften.

Sie ist verheiratet mit Rabbiner Professor Dr. Nathan Peter Levinson. Sie haben drei Kinder, neun Enkelkinder und einen Urenkel.

Veröffentlichungen in deutscher Sprache: Einführung in die rabbinische Theologie. Wissenschaftliche Buchgesellschaft Darmstadt 1982, 3. Auflage 1993; Einblicke in das Judentum. Bonifatius Verlag Paderborn 1991; Was wurde aus Saras Töchtern. Frauen im Judentum. Gütersloh 1989; Eva und ihre Schwestern. Perspektiven einer jüdisch-feministischen Theologie. Gütersloh 1992; Esther erhebt ihre Stimme. Jüdische Frauen beten. Gütersloh 1993.

Ehrungen: 1962 Leo-Baeck-Preis des Zentralrats der Juden in Deutschland für ihr Buch »Die neue hebräische Literatur«; 1986 wird ihr vom Kultusminister Baden-Württembergs der Titel Professor ehrenhalber verliehen; 1991 Festschrift für die Levinsons: »Aus zweier Zeugen Mund« Hg. Julius H. Schoeps, Gerlingen, Bleicher Verlag; 1996 Georg-Lucas-Preis der Universität Tübingen für sie und ihren Mann.

Hilde Hoffmann

Ich bin 1922 im Westend in Frankfurt am Main geboren. Später ging ich in die Varrentrapp-Schule, wurde dann umgeschult in die Viktoria-Schule, ein Lyzeum. 1935 durfte man nicht mehr eine allgemeine Schule besuchen, sondern nur eine jüdische. Deswegen wurde ich umgeschult ins Philantropin. Diese jüdische Schule befand sich am anderen Ende der Stadt. Das war ein weiter Weg. Ich fuhr mit dem Fahrrad und erlebte oft unangenehme Situationen. Jüdische Mitschüler wurden angepöbelt, ähnliches erlebte ich mit meinem zweieinhalb Jahre jüngeren Bruder. Er war viel dunkler, was man früher mit der jüdischen Rasse verband, und ich war hell und wurde weniger belästigt. Ich erinnere mich noch genau an all die Schilder »Juden raus«. Jahrelang habe ich diese Eindrükke verdrängt, bis vor ungefähr zehn Jahren. Damals wandte sich jemand vom Historischen Museum Frankfurt an mich. Man suchte Material über die Kristallnacht, über den Tag, als die Synagogen brannten. Man wandte sich schriftlich an mich als Vorsitzende der Ehemaligen Frankfurter in Israel und bat mich, Menschen ausfindig zu machen, die zu jener Zeit in Frankfurt waren und ihre Erlebnisse mitteilen konnten und wollten. Ich korrespondierte sehr lange mit Herrn von Wohlzogen, der die Ausstellung vorbereitete. Er kam auch hierher und führte mit den Leuten ein Interview. Er berichtete mir darüber, und während unseres Gesprächs sagte ich auf einmal: »Ja, ich erinnere mich an den Tag. Ich hatte ihn verdrängt.« Auf seine schriftliche Bitte hin hatte ich ihm alle Namen gegeben, selbst hatte ich mich nicht zur Verfügung gestellt. Seit jenem Gespräch hat sich bei mir alles geändert.

Wie erlebten Sie die »Reichskristallnacht«?
Ich erinnere mich nicht an Einzelheiten von dem Brand der Synagogen. Ich weiß aber, daß kurz danach mein Vater abgeholt wurde. Man deportierte ihn in das Konzentrationslager Buchenwald. Nach knapp vier Wochen bekam meine Mutter ihn frei, weil er ein Kriegsinvalide war und Auszeichungen bekommen hatte, zum Beispiel das große eiserne Kreuz. Meine Mutter, sie starb letztes Jahr im Alter von fast hundert Jahren, war eine sehr resolute Frau. Mein Vater wurde mit der Bedingung entlassen, innerhalb von vier Wochen aus Deutschland auszureisen. Bemerkenswert ist, daß weder meine Mutter noch mein Bruder noch ich wissen, was mein Vater in Buchenwald durchmachte. Er sprach nie darüber. Man hatte ihm verboten darüber zu sprechen, und das Verbot war ihm, als gutem Deutschen, heilig. Als mein Vater von Buchenwald zurückkam, war sein einziger Gedanke: so schnell wie möglich auszureisen, dabei lebte seine Familie schon seit Generationen in Deutschland. Er fühlte sich sehr als Deutscher und hatte nie von meinen Auswanderungswünschen nach Israel hören wollen. Ich war zionistisch eingestellt und Mitglied der Jugendbewegung »Habonim«. Schon zwei Jahre vor der Kristallnacht hatte ich nach Palästina auswandern wollen. Meine Eltern hatten das ein bißchen belächelt, es mir aber nicht verboten, doch sie hatten es auch nicht ernst genommen.

Mit unserer Flucht hatten wir Glück. Der Bruder meiner Mutter und ihre Mutter waren schon im Jahre 1936 von Gießen nach Utrecht gezogen. So hatten wir ein Ziel und Hilfe. Sie halfen uns, illegal nach Holland zu gelangen. Nach der Reichskristallnacht organisierte man von Holland aus unsere Flucht über die grüne Grenze in der Nacht vom 31. Dezember auf den 1. Januar 1939. Man schickte einen Pferdetransporter. Vorne saß der Chauffeur, hinter ihm war das Pferd, aber zwischen der Fahrerkabine vom Chauffeur und dem Pferd war eine kleine Kabine eingefügt, in die meine Eltern, mein Bruder und ich gesetzt wurden. So konnte man uns nicht finden. Hinten im Wagen stand das Pferd. Man hatte absichtlich die Silvesternacht für die Flucht ausgesucht, weil man dachte, daß in dieser Nacht getrunken und die Grenzpolizei nicht so sehr aufpassen würde. Aber an der Grenze kontrollierte man uns. Ich werde nie vergessen, wie der Wagen geöffnet wurde, und man hinten das Pferd sah. In dem Augenblick fing mein Vater an zu husten, im Konzentrationslager war er an einer Lungenentzündung erkrankt. Ich werde nie vergessen, wie meine Mutter mit ihren Händen dem Vater den Mund zuhielt, damit er nicht hustete. Meine Angst war, entweder der Vater würde ersticken, oder wir würden gefunden. Aber es ging gut, wir kamen über die Grenze.

Dies sind meine Erinnerungen, und – ich hebe es hervor – mein Vater, der nie Deutschland hatte verlassen wollen, konnte es nach dem Erlebnis in Buchenwald nicht abwarten, so schnell wie möglich aus Holland auszureisen. Heute bedauere ich, daß ich mit meinem Vater nie darüber ein Gespräch geführt habe. Was damals geschah, darf sich nie wiederholen.

Was war Ihr Vater von Beruf?
Kaufmann. Ihm gehörte eine Schuhgroßhandlung, er war hoch geachtet und als seriöser Kaufmann bekannt. Meine Familie erwartete uns in Utrecht. Mein Vater war in einem gesundheitlich sehr schlechten Zustand, und meine Mutter wollte ihn als erstes wieder zu Kräften bringen. Sie wollte in Holland bleiben, aber mein Vater drängte, Holland zu verlassen, es sei zu nahe bei Deutschland. Er wollte nun unbedingt nach Palästina emigrieren, obwohl die Einreise fast unmöglich war: Palästina war britisches

Mandatsgebiet, und England sowie fast alle anderen Länder ließen keine Juden einwandern. Unter bestimmten harten Bedingungen und für viel Geld konnte man Kapitalistenzertifikate kaufen, die gemäß einer bestimmten Quote die Einwanderung in Palästina ermöglichten. Eine der Bedingungen war, bis zum 31. März, dem Stichtag für die Gültigkeit des Zertifikates, in Palästina anzukommen. Anfang Januar waren wir in Holland angekommen, und als wir endlich das Zertifikat bekommen hatten, mußten wir überlegen, wie wir am schnellsten ausreisen konnten. Flugmöglichkeiten gab es noch nicht. Beinahe mit dem letzten Geld, das er besaß, wollte mein Vater mit einem Luxusdampfer nach Palästina fahren. Dies war die einzige Möglichkeit, am 31. März anzukommen. Meine Mutter war sehr unglücklich, sie wollte bei ihrer Familie bleiben. Aber wir fuhren dann mit einem Luxusdampfer, ohne Gepäck, nach Palästina. Wir hatten gebucht bis Haifa. Als wir in Jaffa ankamen, sagte mein Vater: Hier steigen wir aus. Jaffa war kein richtiger Hafen, aber er wartete nicht bis Haifa. Bei der ersten Möglichkeit, in Palästina an Land zu gehen, stieg er aus. Die ganze Überfahrt war wunderbar gewesen, aber beim Ausschiffen auf den kleinen arabischen Booten mußte ich mich schrecklich übergeben. Das war meine Ankunft in Palästina.

Mein Bruder und ich lebten uns sehr schnell ein. Für meinen Vater und für meine Mutter war das Leben besonders schwer, sie sprachen kein Hebräisch, und das tägliche Leben war so anders, als sie es gewohnt waren. Mein Vater fing hier mit einer Schuhfabrik an, und das wenige Geld, das er hatte, steckte er dort hinein. Er gab das Geld, und zwei polnische Partner verfügten über die notwendigen Kenntnisse. Nach sehr kurzer Zeit hatten die Partner das Geld, und mein Vater die Kenntnisse.

Aber er blieb der typische deutsche Kaufmann, ein Wort ist ein Wort, und er konnte die Sprache nicht. Sie kennen das Wort »Jecke«. Er war der typische Jecke, der an alles glaubte. Die Mentalität der Menschen war für ihn eine schmerzliche Enttäuschung, und er fand sich schwer zurecht. Er war eine zu kurze Zeit in Israel, um sich zu integrieren. Mein Vater ermöglichte mir noch, ein Jahr auf die Handelsschule zu gehen. Das rechne ich ihm hoch an. Ich habe es immer sehr bedauert, daß ich meine Ausbildung in Deutschland nicht zu Ende führen konnte und hier auch nicht die Gelegenheit hatte, Abitur zu machen. Nach der Handelsschule fing ich dann gleich an zu arbeiten. Ich mußte meinen Eltern helfen. Ich konnte gut Englisch, denn ich war von Deutschland aus nach England geschickt worden, um Englisch zu lernen, wie das damals oft der Fall war. Ich bekam hier nach kurzer Zeit eine Stelle beim englischen Lebensmittelkontrolleur. Es war während der Mandatszeit. Damals wurde alles noch rationiert, und man erhielt Zuteilung auf Lebensmittelkarten. Es gab sehr wenig zu essen, und die Engländer organisierten alles. Ich arbeitete mich mit der Zeit von einer kleinen Beamtin bis zur Sekretärin des Lebensmittelkontrolleurs hoch.

Es war sehr interessant und bereitete mir große Befriedigung. Deshalb litt ich nicht in dem Sinne, in dem meine Eltern litten. Meine Freunde befanden sich alle mehr oder weniger in derselben Situation, was wichtig war.

Wie erlebten Sie das Ende des Krieges?

Anders als mein Vater, der nach Kriegsende nach Deutschland zurückging. Er wollte versuchen, seine Vermögenswerte zurückzubekommen. Wir hatten ja bei der Flucht alles stehengelassen. Aber er wollte so schnell wie möglich zurückkehren. Meine Mutter und wir blieben hier. Für sie war die Trennung von ihrem Mann nicht leicht, und sobald es möglich war, fuhr sie zu ihm. Kurz danach erkrankte er leider, und wenig später starb er an Krebs. Er hat nie gesehen, was auf der einen Seite aus

Israel geworden ist, wie sich das Land entwickelt hat, und er hat auch nicht mehr erlebt, daß er einen Teil seines Vermögens – das er sich erarbeitet hatte – zurückerhalten hat. Dies ist sehr traurig, belastet mich, und ich bedauere es bis heute. Ich wollte mich mit Deutschland nicht auseinandersetzen und konnte mich nicht gleich wieder aussöhnen.

Mein verstorbener Mann, Dr. Akiba Hoffmann, war Anwalt und Notar in Tel Aviv und war einer der ersten Brückenbauer zwischen Israel und Deutschland. Er war auch 1933 aus Deutschland ausgewandert, hatte aber viel weniger durchgemacht als ich. Ich erinnere mich, als der erste deutsche Botschafter, Dr. Rolf Pauls, hierher kam, wandte sich jemand von unserem Außenministerium an meinen Mann mit der Frage, ob er bereit sei, Dr. Pauls und dessen Familie zum Seder-Abend einzuladen. Der Seder-Abend ist an Pesach – Ostern, der Auszug aus Ägypten wird gefeiert, und man liest die Haggada. Es ist ein besonderer Brauch, den Kindern in der Familie von der Vergangenheit zu erzählen und sie aufzufordern, Fragen zu stellen. Als man vom Außenministerium angefragt hatte, ob Dr. Pauls kommen könne, war mein Mann sofort einverstanden. Er war ein Intellektueller, hatte sehr viel jüdisches und allgemeines Wissen. Er sah im Besuch eine gute Gelegenheit, Gedanken auszutauschen. Ich war entsetzt, ich wollte nicht, daß bei einer solchen intimen Familienfeier Deutsche anwesend waren. Mein Mann überredete mich. Und dann war ich froh, daß es zu dieser Begegnung kam. An jenem Sederabend wurde unsere Straße abgesperrt, alle Wohnungen in der Umgebung kontrolliert, denn damals genoß der deutsche Botschafter hier ein geringes Ansehen, und das ist noch milde ausgedrückt. Man organisierte Demonstrationen gegen ihn. Sich für ihn einzusetzen, ihn ins Haus einzuladen, kostete damals eine große Überwindung.

Wann gingen Sie das erste Mal wieder nach Deutschland?

Ziemlich früh, weil mein Vater, schon erkrankt, dort war, und ich eine Tochter hatte, die ich ihm zeigen wollte. Das war 1954/55.

Was empfanden Sie in Frankfurt?

Es hatte mit dem Frankfurt von früher wenig gemeinsam. Ich werde nie vergessen, was meine Tochter sagte. Sie konnte Deutsch, ich hatte mit ihr Deutsch gesprochen: »Alles kaputt, neue Häuser bauen.« Ich ging damals nicht in mein Elternhaus zurück, erst viel später. Ich wollte nicht sehen, ob es noch steht. Wir wohnten in einer anderen Gegend, und ich dachte: Ich bin in Frankfurt, weil ich meinen Vater besuchen will. Überdies waren wir auf der Durchreise nach Amerika. Das Auswärtige Amt hatte meinen Mann, der selbständiger Anwalt war, gebeten, in diplomatischer Mission in New York tätig zu sein. Er war schon nach Amerika weitergereist. Ich blieb noch bei meinen Eltern. Ich verband den Aufenthalt nicht mit Erinnerungen an früher, sondern betrachtete ihn als Durchgangsstation auf dem Weg nach Amerika.

Vor einiger Zeit lernte ich einen sehr netten Herrn kennen, Dr. Dieter Rebentisch. Er arbeitet im Frankfurter Magistrat als Leiter des Archivs und wohnt in der Gegend, in der ich geboren bin. Er hat mir die ganze Gegend erklärt. Das Haus, in dem ich geboren wurde, blieb unbeschädigt, aber ich wollte es nicht mehr betreten. Seit damals interessiert mich wieder alles sehr. In der Nähe befindet sich ein alter Friedhof, an den ich Kindheitserinnerungen habe, aber sie wurden erst vor acht oder zehn Jahren wach, vorher war alles tot.

Lebt Deutschland für Sie nur in Ihren Kindheitserinnerungen?

Ja, meine Wurzeln habe ich heute in Israel. Hinzu kommt, daß meine Familie und meine Enkel hier leben.

Aber ich habe heute gute Freunde in Frankfurt, auch Menschen meiner Generation, mit denen ich mich sehr gut verstehe. Doch besonders interessiert bin ich an den jungen Deutschen, um ihnen zu erzählen, was gewesen ist. Heute will man mehr denn je erfahren, was geschehen ist, und sie wollen wissen, wie es damals wirklich war. Man hat versucht, einander die Hand zu reichen, Brükken zu bauen, aber gerade die Jugend beider Länder wußte und weiß viel zu wenig. Nur wenn man weiß, warum die Dinge jene verhängnisvolle Entwicklung nahmen, kann man versuchen zu verstehen und alles zu tun, um zu vermeiden, daß etwas so Schreckliches sich wiederholt. Bald wird es keine Zeitzeugen mehr geben, die dazu beitragen können.

Als ich das erste Mal wieder nach Frankfurt kam, begleitete ich meinen Mann. Es war die erste Einladung von der Stadt Frankfurt an ehemalige Frankfurter, die Deutschland während des Naziregimes hatten verlassen müssen. Ich wollte nicht nach Frankfurt fahren. Mein Mann, der am Zustandekommen des Freundschaftsvertrages zwischen Tel Aviv und Frankfurt mitgewirkt und auch mitgeholfen hatte, das Treffen zu ermöglichen, überredete mich. Mit widerstrebenden Gefühlen fuhr ich dann nach Frankfurt.

Wir führten sehr interessante Gespräche, unter anderem mit dem Oberbürgermeister, damals Herrn Dr. Walter Wallmann, und mit verschiedenen bedeutenden Persönlichkeiten. Es stellte sich heraus, daß sie dasselbe empfanden. Sie hatten sich auch vor der Begegnung mit uns gefürchtet. Das gab mir sehr zu denken. Nur im Gespräch, im offenen und kritischen Gespräch miteinander – es entwickelten sich damals sehr scharfe Gespräche – kommt man voran.

Was bedeutet für Sie Exil?

Exil ist ein wichtiger Begriff im Judentum, es kennzeichnet die Geschichte der Juden überhaupt. Ich möchte die Bedeutung des Staates Israel in diesem Jahrhundert für uns Juden als Gegenpol zum Exil besonders hervorheben. Für uns bedeutet Exil etwas ganz anderes, als was man gewöhnlich darunter versteht. Wir haben im Exil unsere Heimat gefunden. Wir sind in Israel wieder verwurzelt. Und Deutschland ist für meine Kinder, man könnte beinahe sagen, ein Land wie alle anderen.

Können Sie mir etwas über Ihre Arbeit im Verein Ehemaliger Frankfurter erzählen?

Mein Mann, Dr. Akiba Hoffmann, war es, der die ehemaligen Frankfurter in einem Verein zusammenführte. Nach dem Tod meines Mannes vor fast elf Jahren wollte ich, daß das Band zwischen uns Frankfurtern hier sowie zwischen uns und dem heutigen Frankfurt fest geknüpft bleibt. Trotz aller schrecklichen Erfahrungen interessiert uns, was heute in Frankfurt geschieht. Uns verbindet die Vergangenheit. Wir treffen uns zu Vorträgen und musikalischen Veranstaltungen, zu gesellschaftlichen Zusammenkünften und um die Feiertage zu feiern. Viele unserer Freunde nehmen kaum oder nur wenig am kulturellen Leben des Landes teil, da sie nicht genug Iwrit verstehen. Deshalb sind unsere Treffen so wichtig.

Außerdem wendet man sich oft an mich mit der Bitte um Informationen über Frankfurter, die eventuell hier leben. Familien suchen ihre Wurzeln und wollen wissen, ob Angehörige von ihnen in Israel leben. Aus der ganzen Welt kommen Nachfragen von Leuten, die Familienforschungen nachgehen. Nicht nur Juden, sondern auch Deutsche und Auslandsdeutsche interessieren sich heute für die Vergangenheit. Oft schreibt man aus Mangel an Kontaktpersonen an die deutsche Botschaft, und diese leitet die Briefe an uns weiter. Man stellt uns frei, ob wir mit den jungen Menschen in Kontakt treten wollen, die die Informationen oft für Forschungsarbeiten benötigen.

Ich freue mich, Informationen auszutauschen. Wir erhalten auch Anfragen von Jugendlichen in Deutschland, die mit der Vergangenheit nicht zurechtkommen. Das Gespräch mit den Großeltern ist fast unmöglich, sie geben keine Antwort. Das Gespräch mit den Eltern ist für diese jungen Menschen aus Deutschland auch schwierig, weil die Eltern selbst so wenig wissen.

Sie entstammen einem assimilierten Elternhaus und wuchsen nicht in der Religion auf. Aber Ihr Mann stammte aus einer orthodoxen Familie. Haben Sie das Judentum in Israel anders kennengelernt?

Ich wollte mehr vom religiösen Leben wissen, und ich wollte auch, daß meine Tochter darin aufwächst, insbesondere weil mein Mann aus einer sehr bekannten jüdischen Familie stammte. Im Laufe der Zeit bildete ich mich durch ihn ein bißchen weiter. Es half mir, hier Wurzeln zu schlagen. Ich bin nicht fanatisch religiös, aber ich führe ein religiöses Haus und halte einen großen Teil der Vorschriften ein.

Wie sind Sie zu Ihrer Arbeit in der Telefonseelsorge gekommen?

Ich war nach meiner Heirat nie richtig beruflich tätig, ich half nur im Büro meines Mannes. Zur Telefonseelsorge kam ich nach dem Jom-Kippur-Krieg. Mein Mann und ich waren Mitglieder des Rotary-Clubs. Er war damals der Präsident. Man wandte sich an Rotary und fragte uns, ob wir freiwillig einen Telefondienst aufbauen wollten. Zu jener Zeit war gerade die Generation meiner Tochter zum Militärdienst einberufen worden. Ihre Freunde waren alle beim Militär, viele vermißt oder umgekommen. Mit den telefonischen Gesprächen versuchten wir, den Familien die Kraft zu geben, ihre schwierige Situation zu bewältigen. Ich hatte mich schon immer für Psychologie interessiert, und ich war damals eine der ersten, die beim Telefondienst arbeiteten. Es war sehr schwer, aber ich bin froh, daß ich es gemacht habe.

Daraus hat sich ein gut organisiertes System entwikkelt, das heute vom Gesundheitsministerium und von der Stadtverwaltung unterstützt wird. Am Anfang leisteten wir alles aus eigener Kraft und mit dem eigenem Geld. Heute ist die Telefonseelsorge eine anerkannte Organisation mit hundertfünzig Freiwilligen.

Im Anfang ging es um die Probleme, die durch den Krieg bedingt waren. Heute gibt es die verschiedensten Probleme: Eltern, deren Kinder beim Militär sind und die das schwer verkraften können; auch junge Soldaten, die schwer damit zurechtkommen, daß sie gegenüber Arabern »unbeherrscht« reagieren, denn wenn sie nicht »unbeherrscht« reagieren, kostet es sie das Leben. Wer bei uns anruft, muß sich nicht ausweisen, er bleibt unbekannt, niemand weiß, wer antwortet. Es ist alles anonym. So hören wir Fragen, die man gewöhnlich nicht stellt. Oft geraten Familien in Schwierigkeiten, wenn eine schwere Krankheit auftritt, Krebs zum Beispiel, und der Arzt bespricht mit dem Partner, ob er es dem Kranken sagen kann. Nicht immer hat der Kranke die Kraft, es zu verarbeiten. Manchmal behält die Partnerin alles für sich. Dann kann sie es in der Familie nicht besprechen, und sie wendet sich an uns. Bei uns kann sie sich gehenlassen, und dies gibt ihr dann wieder die Kraft, um vor der Familie alles zu verbergen.

Sie betreuen Ihre frühere Welt im Verein Ehemaliger Frankfurter, und die jetzige Welt betreuen Sie in der Telefonseelsorge.

Das war mir nie klar, aber Sie haben recht. Vielleicht hat es auch mir geholfen, denn ich habe mich im Laufe der Jahre sehr viel mit Psychologie beschäftigt, bevor ich überhaupt angefangen habe zu arbeiten. Ich habe nicht nur den anderen Menschen geholfen, ich habe auch mir geholfen.

Wie beurteilen Sie die aktuelle politische Situation?

Ich glaube nicht, daß sich der Kurs der neuen Regierung von dem der alten Regierung sehr unterscheidet. Rechte Regierungen haben es leichter als linke, Frieden zu schließen. Hätte Rabin oder Peres einen Großteil Hebrons an die Palästinenser übergeben, wäre ein großer Aufruhr gewesen, und Bibi Netanjahu wäre stolz an der Spitze der Demonstranten marschiert. Als Regierungschef wird Netanjahu – ob er will oder nicht – gezwungen sein, auf dem Weg von Oslo weiterzugehen. Er geht »zwei Schritte vor und einen zurück«, aber dennoch bewegt sich unsere Politik im Zickzack-Kurs vorwärts. Leider hat Rabin dies nicht erlebt.

Das Gespräch mit Hilde Hoffmann wurde am 8. Oktober 1996 in Tel Aviv geführt.

Hilde Hoffmann
geborene Kaufmann, geboren 1922 in Frankfurt. Besuch des Lyzeums. Flucht und Ausreise über Holland nach Palästina im März 1939. Besuch einer Handelsschule, später Sekretärin des Lebensmittelkontrolleurs.

Heirat mit Dr. Akiba Hoffmann, Rechtsanwalt, der 1986 verstarb. Hilde Hoffmann hat eine Tochter und drei Enkelkinder.

Sie ist Mitgründerin der Telefonseelsorge in Tel Aviv, war 1984 Präsidentin des Rotary Club – Inner Wheel – Tel Aviv-Jaffa, betreut seit 1987 den Verein Ehemaliger Frankfurter in Israel, ist seit 1993 Vizepräsidentin der CENTRA, des Dachverbandes der Zentraleuropäischen Landsmannschaften.

Frau Hoffmann erhielt am 5. Juni 1991 von Bundespräsident Friedrich von Weizsäcker das Verdienstkreuz 1. Klasse des Verdienstordens der Bundesrepublik

Deutschland »in Anerkennung der um die Bundesrepublik Deutschland erworbenen besonderen Verdienste.«

Tuvia Rübner

Ich bin am 30. Januar 1924 in Bratislava geboren. Die ersten Kinderjahre waren ruhig und schön. Aufgewachsen bin ich in einer Familie des gehobenen Bürgerstands. Mein Vater war Direktor der internationalen Speditionsgesellschaft Schenker & Co., einer der beiden Leiter der Filiale Bratislava/Preßburg. Dann wurde Schenker von der Reichsbahn aufgekauft, ich glaube 1937 oder 1938, und alle Juden wurden entlassen. Das war das erste Zeichen, daß meine Kindheit, meine Jugend zu Ende waren. Das zweite Zeichen, ein wirklicher Einschnitt, war das Schulverbot an deutschen Schulen. Das geschah nach der dritten Gymnasialklasse. Mit vielen anderen Juden besuchte ich das deutsche Staatsrealgymnasium in Preßburg. Auch in der evangelischen Volksschule, die gleich daneben lag, gab es eine ganze Reihe Juden. Ich bin in die Schule gegangen, obwohl es eine jüdische Volksschule gab, weil der Leiter der Schule ein »Bruder« meines Vaters war: beide waren Mitglieder derselben Freimaurerloge in Preßburg. Die Schuljahre sind mir in guter Erinnerung, außer dem Geographie- und außer dem Deutschlehrer ab der zweiten Mittelschulklasse, Professor Schiff. Mittelschullehrer hießen bei uns nach guter k. u. k.-Monarchie-Tradition Professoren. Professor Schiff war Junggeselle und Trinker, hatte eine rote Nase und ließ sich die Schularbeiten von einem Schüler nach Hause tragen. Auf eine Arbeit – wir hatten ein altes Bild eines Festmahls zu beschreiben – bekam ich »genügend«, weil ich geschrieben hatte: »Speisen lagen auf Tellern angehäuft«, was er mit roter Tinte durchstrich und verbesserte: »Teller waren mit Speisen bedeckt«. Sie sehen, daran erinnere ich mich noch heute. In der ersten Gymnasialklasse hatten wir eine Deutschlehrerin, Fräulein Emmerich (oder Emrich), bei der mußten wir immer übers Wochenende als Hausaufgabe Erzählungen schreiben, und ich hatte meine stets montags der Klasse vorzulesen. Es gab ein gutes Verhältnis zwischen uns, aber dann heiratete sie eben den Geographielehrer, Hauskrecht hieß er, war der Sohn eines Schneiders in unserer Wohnung und wurde die rechte Hand Karmasins, des Naziführers der Slowakei. Wie es sich später herausstellte, gehörte auch der Schiff der Nazipartei an, dem wir nie genug »reichsdeutsch«, das t mit einem Nachhauch wie Th, sondern immerzu österreichisch weich, dem D angelehnt, aussprachen.

In der ersten Gymnasialklasse, fällt mir jetzt plötzlich ein, hatten wir einen Professor mit einem blonden Mondgesicht, mir scheint, es war der Vorgänger des Hausknecht, er besaß ein Privatauto, damals eher etwas Seltenes, das hatte einen Doppelboden und Doppelnummernschilder, und er wurde als Schmuggler ertappt. Der Mathematikprofessor, ein kleingewachsener Mann, Sterz oder Sterzl, war dem Ruf nach ein guter Mathematiker, aber ein guter Lehrer war er nicht. Er verhaspelte sich an der Tafel, wenn er etwas demonstrierte und sagte dann kurz abschließend: Also, das ist die Lösung. Der Gedanke, daß es seine Schuld ist, wenn mir Mathematik ein Buch mit sieben Siegeln ist, tut mir wohl. Den Volksschullehrer, er hieß Wurm, hatte ich besonders lieb. Einmal führte er uns in seinen kleinen, am Hügelhang gelegenen Garten und zeigte uns die Vogelhäuschen, die er für den Winter an den Bäumen angebracht hatte. Ich besuchte ihn 1947, als ich zum ersten Mal nach Europa fuhr, um meinen Onkel, den Bruder meiner Mutter und seine Frau, die einzigen Überlebenden der Nahfamilie, aufzusuchen.

Die neunte Klasse, die vierte Gymnasialklasse, absolvierte ich ein Dreivierteljahr lang recht und schlecht im slowakischen Realgymnasium, das in derselben Gasse lag, in der ich auch wohnte, im Grössling. In der deutschen Mittelschule hatte ich auch christliche Schulkameraden, mit denen ich befreundet war. Einer davon hieß Erwin Rummel, wenn ich mich recht erinnere, war Sohn von Weinbauern, die einen »Heurigen-Ausschank« hatten. Als wir das deutsche Gymnasium nicht mehr besuchen durften, kannte er mich plötzlich nicht mehr, wenn er mich auf der Straße traf. Aber er hetzte auch nicht seine Kameraden auf mich, wenn ich mit weißen Wollstrümpfen wie die Nazis umherging. Im Jüdischen Jugendbund trugen wir nämlich weiße Wollstrümpfe oder Stiefel und Ledermäntel, um die Nazis zu ärgern und ihnen zu zeigen, daß auch wir wie sie gekleidet gehen konnten. Oder taten wir es aus Furcht? Später wurden gewisse Straßen und Parkanlagen für Juden gesperrt, und in den Abendstunden gab es für uns dann überhaupt schon Ausgehverbot.

Zu dem Jugendbund kam ich so: Ich war Mitglied des jüdischen Schwimmclubs Bar Kochba in Bratislava, der übrigens die meisten Schwimmrekorde der Tschechoslowakei damals zu verbuchen hatte (nicht dank mir errungen), und der in den letzten Jahren eine Renaissance erlebt hat, von einem der überlebenden Mitglieder in Wien ins Leben gerufen. Die dazu noch fähigen Mitglieder treffen sich alle zwei Jahre, und regelmäßig erscheint ein Clubblatt. Nun, einer der etwas älteren Schwimmer, Edgar Ziegler, er rettete sich durch Schwimmen das Leben, war damals Mitglied der zionistischen Jugendvereinigung »Haschomer Hatzair«, er heuerte eine ganze Gruppe in meinem Alter an und ließ sie gleichzeitig Mitglieder dieser Jugendbewegung werden. Im Heim des H. H. verbrachte ich im letzten Schuljahr und als ich überhaupt schon keine Schule mehr hatte, viele Stunden. Meine Eltern waren einverstanden (nicht alle Eltern waren es), und so kam es,

daß ich während der Pubertät eigentlich wenig zu Hause war. Vielleicht ist das der Grund, daß ich mich an keine Spannungen zwischen mir und meinen Eltern erinnere. Im »Haschomer Hatzair« gab es verschiedene Programme: Referate, Diskussionen, Spiele; am Wochenende machte man Ausflüge; eine Art zionistischer Pfadfinderbewegung. Nach dem Numerus nullus in der Schule richtete man im Heim eine Tischlerwerkstatt ein, um uns zu beschäftigen und auch um uns in einem Handwerk auszubilden. Ich erinnere mich nicht, wie lange das dauerte. Aber nachher wurde ich als Lehrling bei unserem »Hauselektriker« aufgenommen, der eine jüdische Frau hatte. Es war verboten, Juden als Handwerker zu beschäftigen.

Von dem Jugendbund aus wurde im Sommer 1939 eine »Mittlere Hachschara« in der Südslowakei, in Topolcany, eröffnet, wo wir Gemüsegärtnerei trieben. (»Hachschara« ist Vorbereitung, Berufsausbildung der ungefähr Zwanzigjährigen für das Leben im Land Israel). Diese arbeiteten ganztäglich. Wir Jungen, Fünfzehnjährige, arbeiteten nur halbtags und lernten halbtags einiges den Schulfächern Entsprechende, das uns von älteren, die schon maturiert hatten, beigebracht wurde (deshalb »Mittlere Hachschara«). Der Fachgärtner war ein Bulgare. Dort arbeitete ich auf dem Feld, und die Hitze und das meist Gebücktsein fielen mir schwer. Unter anderem gruben wir Furchen, um das Wasser, das von einem Schaufelrad aus einem Bach gehoben wurde, ins Feld zu leiten. Zeitweise verkaufte ich auch unser Gemüse auf dem Markt. Dann brach der Krieg aus, und wir fuhren heim. Nach zwei Monaten wurde jedoch eine solche »Mittlere Hachschara« in der Mittelslowakei, in Radvan bei Banska Bystrica, wiedereröffnet. (In der Zeit, da ich in Topolcany war, hatte es dort eine zweite Gruppe gegeben). Dort blieb ich bis zum Sommer 1940, als das Geld für die Unterhaltskosten ausging. Es war eine schöne Zeit. Jugendromantik, erste Liebe, Kameradschaft, Burschenfreundschaft, Dichten, Ausflüge in einer waldreichen Hügellandschaft. Der Winter war ungewöhnlich streng. Wir wohnten in einem leerstehenden Schlößchen, unser Schlafraum lag in einem ungeheizten Saal, so daß das Wasser im Krug nachtsüber einfror. Am Morgen mußten wir den Schnee wegschaufeln, um den Weg freizumachen, aber bis zu einem gewissen Kältegrad, bevor es noch nicht Minus 37 gab, turnten wir morgens halbnackt im Schnee und hackten nachher Holz, um den Ofen in der Küche und in den Zimmern zu heizen, in denen wir wieder halbtags lernten. Ich erinnere mich, daß unsere Werkstatt auf einem recht steilen Dach einen Blitzableiter anbringen mußte, das war in dieser Kälte ein Abenteuer. Ich nehme an, daß ich damals an allen Kurzschlüssen der Umgebung die Schuld trug. Dennoch kann ich heute noch kleine Reparaturen ausführen.

In Polen war bereits Krieg. Es kamen Flüchtlinge, polnische Kinder, einige auch zu uns. Aber in der Erinnerung ist diese Zeit, wie ich schon sagte, Jugendromantik. Das Bedrohliche der Lage nahmen wir nur halb wahr, auch wenn wir wußten, was vor sich ging. Die Jugend hat eine harte Haut und ist mit sich selbst beschäftigt.

Als die Hachschara aufgelöst wurde und wir wieder nach Hause kamen, machte ich einen Radausflug von Bratislava in die Nordslowakei. Wir fuhren zu sechst los, blieben am Ende aber nur noch zwei. Wir übernachteten bei Kameraden aus der Hachschara. Der Junge, der mit mir bis zum Ende mitmachte (ich wollte meine Liebste aufsuchen, aber er?) ist nicht am Leben geblieben. Er hieß Amnon. Wieder zurück, gab es eine recht tatenlose Zeit, die ich im Jugendheim, mit Lesen, mit Schreiben von Liebesbriefen und Gedichtefabrizieren ausfüllte. Gelegenheitsreime zu Familienereignissen machte ich seit meiner Kindheit, zum Geburtstag meines Großvaters zum Beispiel. Aber anscheinend besaß ich eine Neigung zur

Lyrik, denn der Postillon von Lenau rührte mich in der Schule fast zu Tränen, ich saß am Fenster und blickte auf zwei armselige Rosenstöcke im Hintergarten unseres Hauses, wobei ich ergriffen mir vorsang: Wenn du eine Rose siehst, sag, ich laß sie grüßen, und ich schrieb Gedichte ab, vor allem von Heine – wir hatten eine prächtige Heineausgabe zu Hause – und bebilderte sie mit Landschaftsfotos aus Reisebüroprospekten. In der Praxis war ich schließlich Prosaiker. Von den Wochenendhausaufgabenerzählungen (schreiben Sie das Wort ruhig nieder: nur noch im Keltischen gibt es solche Wortbandwürmer) habe ich schon erzählt. Für die Wandzeitung im Jugendbund schrieb ich allerlei, ich weiß nicht was, aber »Prosa«. Damit fuhr ich auch in Topolcany fort. Ich erinnere mich, daß ich da den Tod eines in Palästina von den Engländern erhängten Revisionisten durch die Perspektive seiner zuckenden Hand beschrieb. Daraufhin sagte mein dortiger Lehrer und Erzieher, Eli Gardos, ein Musiker, der verstorbene Mann von Alice Schwarz-Gardos, zu mir: »Du mußt expressionistisch schreiben«. Ich hatte keine Ahnung, was das bedeutet, expressionistisch. Er klärte mich halb im Scherz auf: »Wenn du das Blatt eines Maiskolbens einen Beistrich nennst, ist das expressionistisch.« Auf meine Frage nach zuständiger Lektüre empfahl er mir »Die Sonette an Orpheus«. Ich verstand sie kaum, aber so kam ich zur Lyrik. Dann hatte ich einen anderen Musikerfreund, der sagte: »Du sollst surrealistisch schreiben«, und er gab mir surrealistische Gedichte zu lesen, die damals in der Tschechoslowakei in Mode waren. Gut, ich habe begonnen, »surrealistisch« zu schreiben. Diese Herumschreiberei hat aufgehört, als ich ins Land Israel kam. Wie radikal anders ich wurde, bezeugt der Band »Granatapfel«, der bei Rimbaud erschienen ist.

Ins damalige Palästina kam ich fast zufällig. Fast zufällig bin ich am Leben geblieben. Die Lage war bedrükkend. Es kam die Nachricht, daß für Jugendliche die Möglichkeit der Auswanderung nach Palästina besteht, wenn die dafür benötigte Summe aufgebracht werden konnte. 1938 kam ein Abgesandter der Jewish Agency nach Bratislava, mit dem mein Vater verhandelte. Mein Vater wollte nach Palästina, wenn ich mich auch nicht erinnere, daß in unserem halbassimilierten, halbjüdischen Haus vom Zionismus gesprochen wurde. Allerdings gab es die blauweiße KKL-Büchse, und als Jugendlicher nahm ich teil an Gesprächen mit zionistischen Themen im Jugendheim, aber nicht zu Hause. Zu Hause war ich froh darüber, daß mein Vater auf meine Empfehlung hin den Malte Laurids Brigge las und er ihm gefiel. Kurz, mein Vater verhandelte mit dem Jewish-Agency-Mann über den Ankauf einer Hühnerfarm in Schawej Zion, einer Mittelstandssiedlung, in der Nähe von Naharia. Meinen Vater mir als Hühnerzüchter vorzustellen, fällt mir schwer. Er aß Butterbrote mit Messer und Gabel und fuhr in der Eisenbahn nur mit Handschuhen. Hätte er mich bloß eines Besseren belehren können! Der Vertrag hätte im nächsten Jahr abgeschlossen werden sollen, aber inzwischen brach der Krieg aus, der Mann kam nicht wieder, das Ganze fiel ins Wasser. Als die Chance für mich bestand, nach Palästina auszureisen, tat er alles, um es mir zu ermöglichen. Meine Schwester war zu jung.

Wir waren eine Gruppe von neun Sechzehn-Siebzehnjährigen aus unserer Jugendbewegung, die mit Ausreisepapieren Ende April 1941 nach Budapest reisten. Dort erhielten wir ungarische Pässe und die englischen Einreisezertifikate nach Palästina, das englisches Mandatsgebiet war. Es gab keine diplomatischen Beziehungen mehr zwischen Ungarn und England, aber der englische Konsul hatte die Zertifikate, die schon früher beantragt worden waren (unsere Ausreise hatte sich immer wieder verzögert), im Zionistenbüro in Budapest gelassen. Ohne sie hätten wir nicht weiterreisen können. Wir fuhren über Constanta, wo Züge mit deutschen Soldaten standen, die uns zuriefen »auf Wiedersehen in Palästina«, durchs Schwarze Meer mit einem rumänischen Schiff (ich schlief allein auf Deck, weil es im Lagerraum, wo man uns untergebracht hatte, keine Luft gab, und man stahl mir da eine Reflektorentaschenlampe vom Gürtel weg, ohne daß ich es merkte!) nach Konstantinopel und über die Südtürkei und Syrien nach Beirut mit dem Zug, immer mit Militärwache (in Aleppo, als ich um Wasser bat, brachte mir der Soldat einen Becher voll ganz warmen Wassers, das so aus dem Wasserhahn floß. Das war das erste Mal, das ich das erlebte). Von Beirut mit dem Bus ins Quarantäne-Lager in Atlith. Da das Meer voll Minen war, mußten wir den Landweg nehmen. An der libanesisch-palästinensischen Grenze in Rosch-Hanikra, wurde mein Scout-Jägermesser als »Waffe« konfisziert. Beraubt von meinem Pfadfinderstolz, Taschenlampe und Messer, kam ich in Palästina an. Es war starker Chamsin, eine Hitze, die uns ganz ungewohnt war. Das Lager in Atlith wurde von Gafirim bewacht. So hießen die jüdischen und arabischen Hilfspolizisten. Sie hatten pelzartige Tscherkessenmützen aufgesetzt, wie man sie in der Slowakei nur im Winter trug. Einer sagte uns ganz ernst: heute ist es ziemlich kühl. Es waren 38 Grad. Von Atlith aus wurde unsere Gruppe in den Kibbuz Merchavia geschickt, wo ich bis heute lebe.

Was hat der Zionismus für Sie bedeutet?

Ich bin kein Ideenmensch. Für mich war der Zionismus etwas Romantisches, etwas von der Art der Atmosphäre in dem Schlößchen in Radvan. Natürlich kam auch Ideologisches zur Sprache, aber im Grunde war es bei mir Jugendromantik. Und – wenn das Mädchen, das ich damals liebte (sie ist nicht mehr am Leben) und mein Busenfreund (er lebt heute in Zürich) nicht mitgefahren wären, wäre auch ich nicht mitgefahren. Mein Vater drängte. Meine Mutter sagte noch am Bahnhof: »Wenn du willst, kannst du da bleiben«. Sie und meine Schwester weinten. Der Vater stand etwas abseits, sehr erregt, aber er bemühte sich, seine Gefühle nicht sehen zu lassen. Mir fiel jeder Abschied schwer. An jedem Abschied nimmt von fern der Tod teil. Aber jenes Mal hatte ich das Gefühl: ich sehe die Meinen nicht mehr. Bis heute liegt mir dieser Abschied in den Knochen. Im Eisenbahnwagen war ich Teil der Gruppe, aber eigentlich war ich allein. Wie heißt es so schön: es zerreißt einem das Herz? Nun eben, es hat mir das Herz zerrissen.

Im Kibbuz nahm man uns nicht freundlich auf. Die Lage war gespannt, Rommel stand damals in Ägypten. Die Stimmung der jüdischen Bevölkerung in Palästina war gedrückt. Im Kibbuz war man auf uns gar nicht vorbereitet. Wir hätten in einen anderen Kibbuz im Jordantal kommen sollen, wurden dann aber im letzten Moment Merchavia zugeteilt. Untergebracht wurden wir auf Strohmatten auf dem nackten Boden eines gerade leerstehenden größeren Raumes, der nachher mit dünnen Bretterwänden in »Zimmer« geteilt wurde. Verletzt durch die abweisende Art, mit der wir aufgenommen wurden, sangen wir, um zu ärgern, Nazilieder. Das erhohte natürlich die Spannung zwischen den Kibbuzleuten und uns. Auch war es gräßlich heiß, es war im Mai mit Chamsin, das sind Wüstenwinde aus dem Nord- oder Südosten, es waren um die vierzig Grad, die erste Arbeit, die man uns gab, war das Sortieren von Kartoffeln in einem fensterlosen Raum, nur mit einer offenen Türe, wir sollten die eßbaren von den verfaulten sondern, die ziemlich stanken. Auch die anderen Arbeiten, an die wir nicht gewohnt waren, gefielen uns kaum: das Verstreuen von pulvrigem Schafdünger mit Schaufeln auf den Feldern, der auch einen unangenehmen Geruch hatte und sich an die Haut klebte, das Reinemachen der Böden vom Hühnermist in den Hühnerzuchtstellen und dergleichen. Als ich Schafhirt wurde, gefiel das mir sehr, wie auch die Arbeit als Kutscher oder bei der Trauben- und Olivenernte, beim Beschneiden der Obstbäume oder beim Maiskolbenpflücken. Da gab es einen Mann, der konnte ganze Opernouvertüren und Symphonien auswendig pfeifen.

Doch zurück zum Beginn. Ich erinnere mich: als wir das englische Militär sahen, das nicht gerade Stechschritt und ähnliches praktizierte, dachten wir uns: Die wollen die Deutschen besiegen? Das Wort, das bei uns umging, war: »Ein halbes Jahr gelebt ist auch gelebt«.

Bei Merchavia war ein australisches Regiment stationiert, und mit einem Soldaten, ich weiß nicht mehr wie, schloß ich Freundschaft. Er sagte, daß er der Vertreter der Faber-Bleistifte in Australien sei. Wahrscheinlich fühlte er sich so verlassen wie ich. Als das Regiment nach Syrien abgeordnet wurde, kam er sich von mir verabschieden. Es war ganz spät abends, ich lag schon im Bett, er saß auf dem Bettrand und hatte ein Taschentuch mit Zitronengeruch. Komisch, an welche Einzelheiten man sich erinnert. Später, als ich schon Schafhirt war, führte ich die Schafe auf die Weide neben das Lager von südafrikanischem Militär. Da befreundete ich mich mit einem Mann aus Bechuana-Land, er wollte, daß ich ihm einen Liebesbrief an ein Mädchen im Nachbardorf schreibe und schnitzte mir aus Holz einen Kopf und einen Löwen, die ich bis heute besitze. Doch wußten wir damals nicht, was bald danach in Europa geschehen würde.

Der Kibbuz war arm. Wir durften nur einmal in zwei Monaten einen Rotkreuzbrief schreiben. Erlaubt waren vierundzwanzig Wörter. Das war der einzige Postverkehr mit Feindesland. Ich habe auch zwei, drei Briefe zurückbekommen. Rotkreuzbriefe sind Tour-retour-Briefe. Am

13. Juli 1942 erhielt ich einen Rotkreuzbrief, den mir, wie ich später erfuhr, der Leiter des Jüdischen Amtes in Preßburg zugeschickt hatte: »Sind ausgesiedelt nach Generalgouvernement ehemaliges Polen. Neues Domizil erfahret durch Jüdische Selbsthilfe Krakau, Postfach 211.« Eine weitere Zeile war zensuriert, ausgeschnitten. Das Datum war: 2. VII. 1942.

Ich habe versucht, irgend etwas zu erfahren. Es war unmöglich. Die Eltern waren in eine kleine Ortschaft zu den Großeltern gezogen, wo man jeden kannte. Sie durften in unserer Preßburger Wohnung im zweiten Stock nicht bleiben, weil die Fenster auf die Gasse gingen, und solche Wohnungen durften von Juden nicht mehr bewohnt werden. Sie hätten die Wohnung mit der Kellerwohnung des Hausmeisters tauschen müssen. Das war für sie so deprimierend, daß sie zu den Großeltern zogen. In Preßburg konnte man sich noch verbergen. Mein Onkel, der Bruder meiner Mutter, versteckte sich mit seiner Frau in einem winzigen Raum unterm Dach bei einer slowakischen Familie. Das alles erfuhr ich von ihm nach dem Krieg. Er selber war damals noch »wirtschaftsnotwendiger Jude«, was mein Vater nicht mehr war. Auch waren die beiden kinderlos. Ob man auch ein Versteck für drei hätte finden können, weiß ich nicht. Aber was nützen solche Spekulationen.

Im Kibbuz arbeiteten wir zwei Jahre lang halbe Tage. Die andere Tageshälfte war fürs Lernen bestimmt, vor allem fürs Hebräischlernen. Viel lernten wir nicht, da der Gruppenleiter und Lehrer, der einzige, der ein Privatradio besaß, häufig die Zeit mit dem Abhören der BBC-Nachrichten verbrachte und nachher kleine Fähnchen auf der Landkarte im Lesezimmer des Kibbuz ansteckte, um die Truppenbewegungen zu markieren. Nach den zwei Jahren – das war die Ausbildungszeit von Jugendlichen im Rahmen der Jugendeinwanderungsabteilung in der Jewish Agency – war mein Hebräisch immer noch mangelhaft.

Bald nach unserer Ankunft kam eine Inspektorin in dieser Abteilung, Frau Britschgi-Schimmer, zu uns. Der Gruppenleiter sagte ihr, daß er einen in der Gruppe habe, der deutsche Gedichte schreibe, und führte mich zu ihr. Sie sagte: »Und ich habe einen deutschen Dichter zum Nachbarn.« Sie brachte mich in ihrer Wohnung in der Alfasistraße in Jerusalem mit Werner Kraft zusammen. Dort begann eine Freundschaft zwischen uns, die bis zu seinem Tode währte. Ich schrieb damals sehr viele Gedichte und schickte ihm alle zu. Er besaß eine Engelsgeduld. Auch zeigte er meine Verse Ludwig Strauß, der mich auch kennenlernen wollte. Ich wußte noch nicht, wer er war, auch war ich zu scheu. Erst 1944, oder war es schon Ende 1943?, als ich seinen Band »Land Israel« vor die Augen bekam, der mich begeisterte, schrieb ich ihm und fuhr zu ihm nach Ben Schemen, und wir wurden ganz enge Freunde bis zu seinem viel zu frühen Tod. Ich schrieb bis 1953 Deutsch. Der lieblose Empfang, die Landschaft, die damals ganz kahl war, der Schock des Abschieds, das Gefühl der Fremde und des Verlassenseins – alles das band mich an die Vergangenheit, nicht an die Gegenwart oder Zukunft. Auch war Deutsch die Sprache, in der ich mit meiner Familie, mit meinen Angehörigen, für mich weiter sprach. Ist das eine Antwort auf Ihre Frage über meinen Zionismus?

1950 hatte ich einen schweren Autounfall. Der Autobus ging in Flammen auf, ich war damals drei Monate im Krankenhaus. Meine erste Frau kam dabei um. Das Töchterchen war sieben Monate alt. 1953 heiratete ich meine zweite Frau. Sie konnte kein Deutsch. Damals begann ich, hebräische Gedichte zu schreiben. Nach dem Autounfall konnte ich nicht mehr in der Landwirtschaft, in der Sonne, arbeiten. Ich hatte ziemlich schwere Brandwunden, die Ärzte gaben mir vierundzwanzig Stunden, aber sie irrten sich, wie Sie sehen. Da schlug mir der ehemalige Leiter der Jugendgruppe vor, er war mittlerweile Lehrer an der Mittelschule im Kibbuz geworden, Weltliteratur (das heißt nicht hebräische) an den Oberklassen zu unterrichten. Er wußte, daß ich mit Kraft und Strauß in Verbindung stand, beide waren große Literaturkenner, und meinte, das genüge. So wurde ich Bibliothekar und begann, halbamtlich zu unterrichten, und die damaligen Mittelschüler wurden meine Versuchskaninchen. Das war 1950. 1963 kam ich als Abgesandter der Jewish Agency in die Schweiz. Zusätzlich zu meiner Arbeit im Zionistenverband hörte ich Emil Staiger und Wolfgang Binder. Wir waren drei Jahre in Zürich. 1966 erhielt ich da eine Einladung, Literatur am Lehrerseminar der Kibbuzbewegung, Oranim, zu unterrichten. Ich hatte keine Ahnung, was man dort von mir erwartete, so wenig, wie ich zunächst Ahnung vom Unterricht an der Mittelschule hatte. Währenddessen hatte ich aber auch Literaturkritisches publiziert. Kurz und gut, unverschämt nahm ich die Einladung an. 1972 bekam ich einen Ruf an die Universitäten von Tel Aviv und Haifa, und ich war wieder schamlos genug, dem Ruf zu folgen. Dann gab ich Tel Aviv auf, weil es mit der Fahrerei zu umständlich war. Am Ende war ich Professor, seit 1992 emeritiert.

Wie reagierten Sie 1945 auf das Kriegsende?

Nicht eindeutig. Natürlich mit Erleichterung, aber mit Bangen, mit Befreiung und mit Angst. Ich wußte, was geschehen ist, wußte es aber nicht genau. Ich hoffte immer noch, es stimme nicht, wovon ich wußte, daß es stimmte. Heute ist mir ziemlich unerträglich der Gedanke, daß ich damals vor allem Schmerz um meine Schwester fühlte. Ich wollte sie noch überall suchen, in Flüchtlingslagern, auf Überlebendenlisten. Ich dachte, die Eltern, nun, die hätten doch wenigstens ihr Leben gelebt. Ich bin heute zweiundsiebzig. Meine Mutter war zweiundvierzig, als sie vergast wurde. Mein Vater war älter, um die Mitte fünzig. Die Schwester war fünf Jahre jünger als ich. Sie wurde 1929 im April geboren und lebte bis Juli 1942. Sie hieß Alice, man nannte sie Lizzie. Sie hatte so etwas Sanftes, Inniges in den Augen, Rehaugen. Sie war sehr schön und hatte ein goldenes Herz. Nie hat sie jemandem etwas zuleide getan.

Nachher hatte ich das irrsinnige Gefühl, ich dürfe nicht sterben, weil ich meine Familie im Leben zu »vertreten« habe und fürs Leben »erwählt« worden sei. Es ist schaurig, wenn ich heute daran denke. 1947 fuhr ich durch Deutschland, zu meinem Onkel und meiner Tante, die noch in Bratislava lebten. Nachher kamen sie nach Israel. Ich sagte schon, sie waren die einzigen Überlebenden der nahen Familie. Wir wollten uns sehen, ich sollte noch das wenige regeln, das von unserem Besitz übriggeblieben war, ich wollte nach der Schwester suchen. Später erfuhr ich, daß auch eine Gliedcousine am Leben geblieben war. Sie war in Auschwitz und Birkenau und hat überlebt. Als ich sie in New York besuchte, erzählte sie mir einiges. Sie war zwei oder drei Jahre älter als meine und ihre Schwester, die gleichaltrig waren, und kam mit demselben Transport nach Auschwitz, sie hat alles gesehen. Woran ich mich von dieser Durchreise durch Deutschland 1947 erinnere, ist, daß es in den deutschen Eisenbahnen furchtbar stank. Die Fenster waren zu, und man sagte, daß die Deutschen keine Seife hätten, um sich zu waschen. Ich fuhr nur durch, eigentlich mit geschlossenen Augen.

Ein zweites Mal kam ich aus der Schweiz nach Deutschland, nach Donaueschingen zu den Musikfesttagen. Das war 1964 oder 1965. In den achtziger Jahren erhielt ich eine Einladung zu einem Seminar an der Evangelischen Akademie in Hofgeismar, um einen Vortrag zu halten. 1987 wurde ich zum Korrespondierenden Mitglied der Darmstädter Akademie für Sprache und Dichtung gewählt. Später gab es auch anderes, Vorträge, Gastlesungen, als der Gedichtband in der Übersetzung von Christoph Meckel und Efrat Gal Ed erschienen war, eine Lesereise, Treffen von israelischen und deutschen Dichtern, und jetzt hier die Tagung der Else-Lasker-Schüler-Gesellschaft. Meine Frau und ich haben deutsche Freunde. Aber mit Menschen meines Alters oder älteren, also solchen, die in der Nazizeit aktiv hatten sein können, komme ich lieber nicht in Berührung, ehe ich weiß, wie es mit ihnen damals ausgesehen hat.

Sie sagen, daß Heimat eigentlich Kindheit bedeutet. Das stimmt, aber doch nicht ganz. Als ich zum Beispiel 1990 in Prag war, hatte ich das Gefühl: hier bin ich zu Hause. Dabei war ich in meiner Kindheit nie in Prag. Von Preßburg aus fuhren wir nach Wien, mit dem Zug oder der Straßenbahn, der »Elektrischen«. Prag war zu weit. Bratislava hingegen, nicht 1947, aber letzthin, 1992, war mir eine völlig fremde Stadt. 1966, bevor wir von der Schweiz nach Israel zurückfuhren, wollte ich meiner Familie zeigen, woher ich stamme, und wir fuhren mit dem Wagen von Zürich über Wien nach Preßburg und von dort über Schaschtin, dem letzten Wohnort der Familie, nach Prag. Den Eindruck von diesem Besuch können Sie in einem Gedicht im »Wüstenginster« finden. Also, ich weiß nicht genau, was Heimat bedeutet. Schließlich sind wir alle nur ein Gast auf Erden.

Heute ist Israel, was man Heimat nennen kann. Ich habe diesem Land mein Leben zu verdanken, ich habe seine Nöte mitgemacht, meine Kinder sind da geboren. Wie es heute in Israel zugeht, läßt es mir eher fremd erscheinen. Vielleicht hat Heimatgefühl auch mit Landschaftsgefühl zu tun, mit einer Landschaft, in der man aufgewachsen ist, in der man zum ersten Mal Liebe empfunden hat. Die israelische Landschaft ist schön, manchmal sogar ganz besonders schön, und dennoch ist sie mir keine Seelenlandschaft wie Wald, Bäche, Berge. Das Meer ist etwas Ungeheures, aber Berge habe ich lieber, und die vier Jahreszeiten, die es hier nicht gibt, fehlen mir und so weiter. Aber seitdem unser jüngster Sohn 1983 in Ecuador verschollen ist, spurlos, bin ich eigentlich nirgendwo.

Ich lebe in Merchavia, eine knappe Autostunde östlich von Haifa, im Emek Isreel, mittendrin, es ist eine der ältesten Siedlungen, 1911, gegründet.

Können Sie mir etwas zur heutigen Situation sagen?
Kaum. Ich begreife das zu wenig. Ich bin kein politischer Mensch, wenn ich auch weiß, wo ich stehe. Von heute aus gesehen, scheint mir die Lage aussichtslos. Mit diesen Ressentiments auf beiden Seiten. Doch kann es Unvorhergesehenes geben, aber dann ist es eben unvorhergesehen. Vielleicht besänftigt das Gute in den Menschen das Böse. Was meinen Sie dazu? Das alles soll aber nicht heißen, daß man nicht dennoch, einfach aus Überlebenswillen, das Menschenmöglichste tun soll, um die Mittel und Wege für ein vernünftiges und menschenwürdiges Zusammenleben der Gegner zu schaffen.

Ein Leben in Kürze, und doch ein langes Gespräch.

Die Lebensgeschichte von Prof. Tuvia Rübner wurde in Anlehnung an ein Gespräch am 1. September 1995 in Wuppertal anläßlich einer Else-Lasker-Schüler-Tagung von ihm selbst geschrieben.

Tuvia Rübner
geboren 1924 in Bratislava (Preßburg)/Tschechoslowakei. Besuch des deutschen Staatsrealgymnasiums. 1938 Ausschluß vom Schulunterricht. Aufenthalt in verschiedenen zionistischen Jugendlagern. 1941 gelangte er als ein-

ziger seiner Familie mit dem letzten Flüchtlingstransport nach Palästina. Schrieb zunächst Deutsch, seit 1953 Hebräisch. Professor emerit. für vergleichende Literaturwissenschaft an der Universität Haifa. Lebt im Kibbuz Merchavia. Tuvia Rübner erhielt mehrere Literaturpreise.

Veröffentlichungen in deutscher Sprache: Wüstenginster. Piper 1990; Granatapfel. Rimbaud 1995; Vermischte Gedichte (in Vorbereitung).

Margarita Pazi

Mein Geburtsort Altstadt in Böhmen war sehr klein und hatte auch nur eine winzige Schule mit zwei Räumen, die durch Bankreihen in Klassen aufgeteilt waren. Dennoch hatte ich, als wir 1930 aus geschäftlichen Gründen nach Zlabings (Slovonice) übersiedelten – was wahrscheinlich durch die staatliche Monopolisierung des Getreidehandels ratsam geworden war –, keine großen Schwierigkeiten in der neuen Schule. Ich war und blieb durch alle meine Schuljahre in den verschiedenen tschechischen und deutschen Schulen eine sehr gute Schülerin und die einzige Jüdin in der Klasse.

Wann wanderten Sie aus?

1939. In der Slowakei wurden wir aufgehalten. Neun Monate hielt uns die Hlinka-Garde, eine paramilitärische Organisation der Slowakischen Volkspartei, in Preßburg fest. Hier sollten wir mit einem österreichischen Transport eingeschifft werden.

Mit Ihrer Familie?

Nein. Die Eltern und mein Bruder kamen in Auschwitz um.

Sie konnten als einzige fliehen?

Es gab illegale Transporte. Wir hatten kein Einreisevisum und sollten bei Nacht von den Siedlern ans Ufer gebracht werden. Die ganze Reise sollte vier Wochen dauern. Sie dauerte viereinhalb Jahre.

Auf drei Schiffen fuhren wir, österreichische, Danziger und tschechische Juden, am 4. September 1940 zum Schwarzen Meer. Wir gehörten zu einem tschechischen Jugend-Alija-Transport. Am Schwarzen Meer verlud man uns auf Schiffe, die alle nicht seetüchtig waren. Drei Monate später wurden wir auf unser SOS-Signal hin von den Engländern aufgegriffen und nach Haifa gebracht. Dort sollten wir auf die »Patria« umgeladen und nach Mauritius gebracht werden, da wir keine Visa hatten. Doch die »Patria« wurde von Juden aus Protest gegen unsere Deportierung in die Luft gesprengt. Das Schiff explodierte statt um zehn Uhr zwanzig Minuten früher, dadurch starben sehr viele Menschen. Sie waren nicht mehr auf Deck gekommen. Die an Deck waren und ins Wasser sprangen, durften nicht deportiert werden. Ich sehe mich noch an Deck stehen und zu dem jungen Mann, der neben mir stand, sagen: »Schau, die ›Patria‹ bewegt sich.« Und er meinte: »Sie kann sich doch nicht bewegen.« Sie bewegte sich, sie sank. Wir kamen dann nach Atlit, und nach drei Tagen wurden wir, tausendsechshundert Leute glaube ich, nach Mauritius deportiert. Mauritius war kein Vergnügen, aber verglichen mit den deutschen Lagern – wir wußten von den deutschen Lagern – war es ein Paradies.

War es ein Internierungslager?

Ja. Fünfunzwanzig Frauen in einer Hütte. Aber wenn man sehr jung ist, hat man noch kein Gefühl für Zeit. Man denkt nicht, daß sie einem gestohlen wird. Es war keine schöne, aber auch keine schreckliche Zeit. Im Februar 1945 wurden wir amnestiert. Dann brach Kinderlähmung aus, und wir mußten noch ein halben Jahr in Quarantäne bleiben. Es starben auf Mauritius so viele Menschen wie insgesamt auf der »Patria«. Im August 1945 kamen wir endlich in Palästina an. Seit der Zeit bin ich in Israel.

Sie haben mir als eine der ersten gesagt, Israel sei nicht Exil, es sei Heimat.

Exil bedeutet Verbannung. Wir wurden nicht nach Israel verbannt. Die meisten Leute benutzen das Wort Exil zu leichtfertig, es ist ein schmerzhaftes Wort und bedeutet immer einen Verlust. Israel ist unsere Heimat. Unsere

Autoren, die deutschsprachigen Autoren, sind zu fünfundachtzig Prozent glühende Patrioten und Zionisten der dreißiger Jahre. Sie gehören einer Generation an, die weiß, was es heißt, keine wirkliche Heimat zu haben. Sie können es in den Texten meiner Anthologien nachlesen, vor allem in den Gedichten. Doch es ist nicht leicht, wegzugehen, selbst wenn man jung ist.

Wann heirateten Sie?

1947. Ich heiratete den Rabbiner von Danzig, Dr. Meir Bieler. Er war mit mir auf Mauritius, dort lernte ich ihn kennen.

Er starb 1953, und dann heiratete ich 1958 wieder, meinen zweiten Mann, Dr. Moshe Pazi. Er starb plötzlich in Frankfurt im Jahr 1984 während eines Sommeraufenthalts. Sie haben vorhin meinen Schwiegersohn kennengelernt, David Neuberg. Ich habe keine eigenen Kinder, meine »Tochter« ist die Tochter meines zweiten Mannes aus erster Ehe. Ich habe sehr gute Beziehungen zu ihr.

Unter dem Einfluß meines Mannes entschloß ich mich, 1960 das Abitur zu machen. Nach dem Abitur wollte ich weiterstudieren, das tat ich auch bis zum Dr. phil. Ich studierte an der Sorbonne und in London und promovierte 1969 in Würzburg über Max Brod.

Dies ist seit vielen Jahren der erste Sommer, in dem ich in Israel bin. Ich bin sehr viel gereist.

Erzählen Sie mir etwas über Max Brod.

Er war ein ganz eigenartiger Mann und nicht so bescheiden, wie man immer von ihm gesagt hat. Aber er hatte das richtige Gespür für Literatur.

Er hatte kein gutes Gespür, was Frauen anging. Deshalb haben wir jetzt auch Schwierigkeiten mit seiner Erbin, die nichts herausgibt. Sie war seine Freundin. Zu mir sagte er immer: »Kommen Sie nachmittags, dann ist sie nicht da.« Er sprach mit mir immer Tschechisch, das verstand sie nicht. Er fragte mich nie, was ich eigentlich in meiner Doktorarbeit über ihn schreibe. Er bat mich nur, über seine historischen und kulturphilosophischen Bücher ausführlich zu schreiben. Er starb kurz vor meiner Promotion. Er war der erste Tote, den ich gesehen habe. Er war fünfundachtzig Jahre alt, als er starb. Unsere deutschsprachigen Autoren sind auch alle sehr alt. Lola Landau starb mit sechundneunzig, Max Zweig mit neunundneunzig Jahren. Die anderen sind zum Teil schon über achtzig.

Seit mehr als einem Jahrzehnt leite ich den Schriftstelerverband trotz meiner energischen Weigerung, als Schriftstellerin angesehen zu werden. Ich bin Literaturwissenschaftlerin. Ich habe Bücher und Anthologien herausgegeben und Lesungen organisiert, zu denen immer alle eingeladen sind. Wir treffen uns nicht regelmäßig, ungefähr alle zwei Monate. Wir lesen in der Öffentlichkeit. Was die Sprache angeht: Israel ist ein levantinisches Land. Wir sind die europäischen Überreste.

Das kann man doch so nicht sagen.

Aber ganz bestimmt. Die deutschen Juden sollen sich nicht soviel einbilden. Den ganzen Aufbau haben die Ostjuden geleistet. Ihr Wissen und die Fähigkeit, abstrakt zu denken, sind doch unvergleichlich größer als die der Westjuden. Die Form des Lernens, das war eine ungeheure Gedächtnisschulung.

Waren Sie noch einmal in der ehemaligen Tschechoslowakei?

Gewiß, in den letzten Jahren war ich öfter in Prag. Prag ist die schönste europäische Stadt. Ich habe noch Verwandte dort. Als ich das erste Mal wieder nach Prag kam, dachte ich noch, ich würde mich aufregen. Ich war überrascht, wie gleichgültig ich war, und auch, wie gut ich noch Tschechisch sprach. Ich hatte fünfzig Jahre nicht mehr Tschechisch gesprochen.

Bei einem Symposium in Jerusalem habe ich einen Essay über deutschsprachige Schriftsteller in Israel geschrieben. Er ist jetzt herausgekommen.

Ich war auf sehr vielen Symposien, Veranstaltungen, Vorlesungen, zuletzt im Mai in Palermo. Ich habe noch ein sehr aktives Leben geführt. Und was meine Arbeit angeht: Ich schreibe nicht über jüdische Literatur, sondern über jüdische Autoren, zum Beispiel über Joseph Roth, über Else Lasker-Schüler. Ich bin Mitautorin von etwa dreißig Büchern und habe ungefähr sechzig Essays geschrieben, so über Stefan Zweig und Arnold Zweig und vor allem über den Prager Kreis. Der Prager Kreis ist meine Spezialität.

Gibt es eine Heimat in der Sprache?

Mit meiner Mutter sprach ich immer Tschechisch, mit meinem Vater Deutsch. Iwrit lernte ich in einem Jahr. Ich war sehr motiviert. Mit Dr. Pazi sprach ich nur Iwrit. Er konnte nicht Deutsch. Die Frage, in welcher Sprache ich denke, ist sinnlos, denn es kommt darauf an, woran ich denke. Wenn ich an Dr. Pazi denke, denke ich in Iwrit. Wenn ich an meine Eltern, an zu Hause denke, denke ich Tschechisch. Denke ich an meine Arbeit, denke ich Deutsch.

Das Gespräch mit Prof. Dr. Margarita Pazi wurde am 29. Juni 1994 im Holon Hospital in Tel Aviv geführt, Nachträge 1995 und 1996.

Margarita Pazi

geborene Gutmann, geboren 1920 in Altstadt/Tschechoslowakei. 1939 Flucht, Internierung in der Slowakei für neun Monate. Später von 1940 bis 1945 im Internierungslager auf Mauritius. 1945 Einwanderung in Palästina. Beamtin im Büro des Staatskontrolleurs. Studium der

Germanistik in Paris, London, Würzburg. 1969 Promotion. Sie lehrte deutsche Literatur an der Universität Tel Aviv und war Präsidentin des Verbandes deutschsprachiger Schriftsteller in Israel. Sie lebte in Tel Aviv und starb am 17. Februar 1997.

Veröffentlichungen in deutscher Sprache (eine Auswahl):
Max Brod – Werk und Persönlichkeit. (Dissertation) Bonn 1970; Ernst Weiß. Schicksal und Werk eines jüdischen mitteleuropäischen Autors in der ersten Hälfte des 20. Jahrhunderts. Lang 1993.
Monographien, Literarhistorische Studien (eine Auswahl):
Die biblischen und jüdischen Einflüsse in Heines Nordsee-Gedichten. In: Heine Jahrbuch (1973); Ernst Weiss und Franz Kafka. In: Modern Austrian Literature 1973; Juden in der ersten deutschen Nationalversammlung, 1848/49. In: Jahrbuch des Instituts für deutsche Geschichte. Universität Tel Aviv 1976; Franz Kafka, Max Brod und der Prager Kreis. In: Kafka und das Judentum. Jüdischer Verlag bei Athenäum, 1987.
Anthologien:
Nachrichten aus Israel. Deutschsprachige Literatur in Israel. Bleicher Verlag 1981. Spurenlese. Bleicher Verlag 1996.
Ein ausführliches Schriftenverzeichnis findet sich in »Von Franzos zu Canetti«, Festschrift für Professorin Margarita Pazi, Herausgegeben von Hans-Otto Horch. Niemeyer-Verlag 1996.

Sami Michael

Ich bin 1926 in Bagdad/Irak geboren und wuchs in der Jüdischen Gemeinde von Bagdad auf, die eine sehr wichtige Rolle im wirtschaftlichen und kulturellen Leben der Stadt spielte und tief in der Geschichte des Landes verwurzelt ist. Ich glaube, sie ist eine der ältesten jüdischen Gemeinden außerhalb Israels.

Ich studierte und flüchtete dann 1948 vom Irak nach Persien. Es war die Zeit des Krieges zwischen den arabischen Ländern und Israel. Im Irak war ich ein sehr aktives Mitglied der illegalen kommunistischen Partei. In Persien lebte ich ungefähr ein Jahr im Untergrund, bevor ich 1949 nach Israel ging.

Im Irak hatte ich angefangen, insbesondere politische Essays und kleine Kurzgeschichten auf arabisch zu schreiben. Als ich nach Israel kam, trat ich in die Redaktion einer arabischen Zeitung ein und arbeitete dort bis 1955. 1955 trat ich aus der kommunistischen Partei aus. Von diesem Zeitpunkt an war ich nicht mehr im organisierten politischen Leben tätig. Ich träumte davon, auf hebräisch zu schreiben, aber ich glaubte nicht, daß es mir jemals gelingen könnte. Die Übertragung literarischer Texte aus dem Arabischen in eine andere Sprache ist schwierig. Ich gab also den Traum auf und arbeitete im Landwirtschaftsministerium. Ich war drei Jahre lang mit dem Messen von Wasser, Wasserquellen, Brunnen beschäftigt. Zur gleichen Zeit studierte ich Psychologie und arabische Literatur an der Universität von Haifa. Und eines Tages, nach fünfzehn Jahren, saß ich in der Nähe des Tisches und versuchte, meinen ersten Roman auf Hebräisch zu schreiben. Das Thema waren die Spannungen zwischen sefardischen und aschkenasischen Juden hier in

Israel. Seitdem schreibe ich. Ich schreibe auch Jugendbücher.

Ich glaube nicht, daß ich vom literarischen Standpunkt aus zur hebräischen Literatur gehöre, selbst wenn ich auf hebräisch schreibe. Das ist ein Problem zwischen mir und den Literaturinstituten und vielleicht der Grund, warum ich außerhalb Israels nicht so bekannt bin.

Aber Sie schreiben über die wichtigsten Auseinandersetzungen.

Ja, aber sie mögen es nicht, jedenfalls bis jetzt nicht.

Im Laufe der Zeit bauten mich glücklicherweise zwei Kräfte als Schriftsteller von außen auf: meine Leser, und die Medien, die mich zu mögen scheinen. Sie stellten mich immer wieder vor, und meine Leser warteten auf das nächste Buch und auf das übernächste. Mein letztes Buch war dann ein großer Erfolg und änderte die Ansicht einiger Leute. Es heißt »Viktoria«, ist ins Deutsche übersetzt und beim Berlin-Verlag erschienen. Es ist das zweite Buch in deutscher Übersetzung, das erste, ein Jugendbuch, trägt den Titel »Eine Handvoll Nebel«. »Viktoria« war dreißig Wochen lang die Nummer eins in den Bestsellerlisten. Der Roman spielt zunächst in Bagdad, Anfang dieses Jahrhunderts. Der Roman erzählt die Lebensgeschichte einer Frau von ihrer Jugend in Bagdad bis zu ihrem Lebensabend hier in Israel.

Gab es in Ihrer Familie den gleichen Konflikt zwischen zwei Brüdern, dem Kommunisten und dem Zionisten, wie in »Eine Handvoll Nebel«?

Nein, ich habe keinen älteren Bruder, meine Brüder sind alle viel jünger als ich, aber es kam in anderen Familien oft vor, daß ein Bruder Kommunist und der andere Zionist war. Das Buch war in Israel aus ideologischen Gründen kein Erfolg. Der Kommunist war nämlich der Dominierende und der Zionist der Schwächere, und das gefiel

den Israelis nicht. Ich glaube, die ideologischen Kriterien sind immer noch ausschlaggebend für die Beurteilung eines Kunstwerks.

Sie mußten den Irak verlassen.

Ja, ich floh. Die Familie kam drei Jahre später nach. Um mein Leben zu retten, mußte ich in jener Zeit aus dem Irak fliehen. Ich kam allein nach Israel. Ich hatte keine Familie hier, ich hatte keine Arbeit, ich konnte die Sprache nicht.

Ich flüchtete, weil man mir vorwarf, die irakische Armee zu unterminieren. In jener Zeit war es ein großes Verbrechen, ein Kommunist zu sein. Mein Freund wurde gehängt. Die meisten meiner Freunde brachte man um, man erschoß sie oder steckte sie ins Gefängnis.

Sie schreiben in Ihrem Buch, daß Juden in Bagdad ähnlich wie die Araber lebten, viele Feste waren die gleichen, so zum Beispiel die Hochzeitszeremonie.

Wir waren Araber. Jetzt versucht man, die Geschichte neu zu schreiben ...

Ich sprach Arabisch, unsere Kultur war die arabische Kultur, wir waren ungefähr zweitausend Juden. Die christlichen Araber, die moslemischen Araber, die jüdischen Araber, wir verstanden uns alle als Araber. Andererseits waren wir zunächst einmal Juden, in der jüdischen Tradition als einer Religion, einer Kultur erzogen. Aber wir standen den Arabern sehr, sehr nahe, so wie die deutschen Juden Deutsche waren, alle deutschen Juden, und die russischen Juden Russen waren. Wir waren Araber. Man will sich nicht daran erinnern, man will es nicht wahrhaben, daß Juden Araber sein können, weil die Araber Feinde sind.

Welchen Kontakt haben Sie hier zu israelischen Arabern und Palästinensern?

Insbesondere in den ersten fünf Jahren lebte ich hier in Israel unter Arabern. Ich schrieb eine Novelle darüber, eine Liebesgeschichte zwischen einem Juden und einem arabischen Mädchen. Außerdem schrieb ich für eine arabische Zeitung, und ich stehe in engen Beziehungen zu arabischen Intellektuellen.

All dies wurde das zweite Thema meines Schreibens, die Kooperation zwischen Arabern und Juden hier in Israel und außerhalb Israels, denn mein Leben hier unter den Arabern und meine Jugend außerhalb Israels in einem arabischen Land bieten mir einen anderen Gesichtspunkt und die Möglichkeit, auch die andere Seite zu sehen. Ich sehe die arabische und die israelische Seite.

Andererseits glaube ich nicht, daß Schriftsteller den Frieden herbeiführen können. Frieden wird von Politikern geschlossen. Aber ich denke, daß ich und viele andere den Boden für Friedensverhandlungen bereiten. Doch ich glaube nicht, daß viele Leute auf mich hören. Ich vertrete eine besondere Sicht, was den Konflikt zwischen beiden Völkern betrifft.

David Grossman hat sich auch sehr in diesem Bereich engagiert.

Ja, aber grundlegend für sein Engagement ist eher ein intellektueller Gesichtspunkt. Er kam aus einer europäischen Kultur, ich wurde in einer arabischen Kultur geboren. Er schreibt von außen, ich von innen, das ist der Unterschied zwischen uns beiden.

Waren Sie noch einmal im Irak?

Nein, ich bin nicht mehr zurückgegangen, weil der Irak sich noch immer im Kriegszustand mit Israel befindet. Natürlich vermisse ich den Irak. Ich habe oft einen seltsamen Traum. Ich bin in einem der bekanntesten Cafes am Tigris, und ich freue mich, mit meinen Freunden zusammenzusein. Wenn wir gehen wollen, stecke ich meine Hand in die Tasche, um zu bezahlen, aber ich finde nur israelisches Geld. Israel ist der Feind, und ich flüchte. Sie rennen hinter mir her, um mich zu fangen, und so endet der Traum immer.

Sind Sie in andere arabische Länder gereist?
Nach Ägypten sehr oft. Ich war in Kairo. Ich liebe Ägypten, und ich habe dort oft Vorlesungen gehalten vor ägyptischen Studenten, die hebräische Literatur studieren. Ich habe die gesamte Trilogie von Nagib Machfus aus dem Arabischen ins Hebräische übersetzt. Ich habe sie übersetzt, bevor er den Nobelpreis erhielt. Es war die umfangreichste Übersetzung seiner Werke in der ganzen Welt.

Was denken Sie über den Golfkrieg?
Es war der dümmste, kriminellste Krieg in der Geschichte. Es war einfach nur verrückt.

Während des ganzen Krieges befand ich mich in einer sehr extremen Verfassung. Einerseits bedrohten mich die Scud-Raketen, die Saddam Hussein abfeuerte, um Israel zu zerstören, andererseits war ich so traurig, im Fernsehen die Bombardierung von Plätzen zu sehen, die ich so sehr liebte. Als ich die Zerstörung der berühmten Brücke über den Tigris mitverfolgte – ich bin unter der Brücke hindurchgeschwommen und im Boot hindurchgefahren, ich bin über die Brücke gegangen –, da habe ich beinahe geweint. Während des Krieges fand ich keine Ruhe. Ich war sehr zornig über das ganze Geschehen, als ich erfuhr, wie viele Irakis getötet wurden für nichts – für Grundwasser, Öl, für das Prestige eines Verrückten. Das ganze Land, die Menschen, haben sehr schwer gelitten. So ein Verbrechen!

Leiden Sie unter diesem inneren Zwiespalt?
Es ist ein wichtiger Bestandteil israelischen Lebens. Viele Leute kamen aus Rußland, aus Äthiopien, Afrika, Ägypten, Syrien nach Israel. Es besteht ein großer Unterschied zwischen mir und denjenigen, die in Israel geboren sind. Ich habe kein Problem damit. Meine Persönlichkeit besteht aus Schichten. Im Irak war ich Jude und Araber. Hier bin ich Iraker und zugleich Israeli. Ich kann mit diesen Schichten in meiner Persönlichkeit sehr gut umgehen.

In den fünfziger Jahren kamen viele Einwanderer aus der islamischen Welt nach Israel. Sie wollten alle Spuren der anderen Kultur tilgen. Ich aber weigere mich, meine Geschichte, meine Vergangenheit zu vergessen. Deshalb haben die Literaturinstitute vielleicht mein Schreiben nicht akzeptiert.

Wie haben sie reagiert?

Ich kann nicht sagen, daß sie mich vernachlässigt haben. Ich habe sehr qualifizierte Leser, eine neue Generation von Lesern ist herangewachsen. Einige der Leute, die wie ich nach Israel kamen, lehnten es ab, Hebräisch zu schreiben. Sie schrieben weiter auf arabisch, oder sie schrieben für die Schubladen. Sie vernachlässigten ihre Vergangenheit, und sie schrieben nicht darüber. Ich kämpfe immer noch diesen Kampf. »Viktoria« handelt von dieser Vergangenheit.

Wann setzte die zionistische Bewegung im Irak ein?

Das ist ein anderer Mythos. Zionismus und Kommunismus breiteten sich im Irak während des zweiten Weltkriegs aus, als die Gefahr des Nationalsozialismus immer bedrohlicher wurde und die deutsche Armee so erfolgreich war. Wir wußten im Irak, was in Europa geschah. Die meisten Juden und insbesondere die Intellektuellen lehnten den Zionismus ab. Die kommunistische Aktivität wurde unterstützt, und ich nahm daran teil, so daß für mich die zionistische Bewegung neben der kommunistischen Bewegung unbedeutend war. Wir wollten etwas für das Land und für uns selbst tun, weil wir damals eine sehr wichtige Rolle im Irak spielten. Es war die irakische Regierung, die die jüdische Gemeinde von Bagdad nach Israel brachte, denn sie war zu dem Schluß gekommen, daß die Juden, insbesondere die intellektuellen und die kommunistischen Juden, das gesellschaftliche Leben und die verschlafene, reaktionäre Atmosphäre in Bagdad stören.

Sie unternahmen die größten Anstrengungen, die Juden aus dem Irak auszubürgern, und der erste Jude, der in Bagdad gehängt wurde, war kein zionistischer Jude, auch kein kommunistischer Jude, sondern ein völlig integrierter Jude, der dem Land angehören wollte. Jemand wie er hatte also auch kein Recht, dort zu leben. Sie nahmen den Juden die Arbeit weg und ihren Besitz, und die meisten von ihnen waren wirklich gezwungen, den Irak zu verlassen.

Wie ist Ihre Einstellung zu Deutschland?

Für mich ist der Holocaust keine deutsche Erfindung. Der Holocaust ist Teil der menschlichen Erfahrung. Hitler und die Nazis kamen nicht aus dem Weltraum. So viele Verbrechen gab es in der Geschichte, und es werden noch genug folgen. Für den Holocaust mache ich nicht nur die Deutschen verantwortlich. Viele Leute außerhalb Deutschlands unterstützten dieses Verbrechen. Ich beschuldige nicht nur die Deutschen, sondern auch die Menschen, die mit ihnen kooperierten, zum Beispiel die Franzosen, die Russen, viele, viele, viele, selbst die Briten gaben uns nicht die Möglichkeit, nur zu kommen und uns zu retten. Es ist ein Problem der Welt. Überhaupt sind die Juden in ihrer langen Geschichte einer Reihe von Holocausts zum Opfer gefallen, in Spanien oder davor in Ägypten oder davor in Persien. Wenn ich anfangen sollte, jeden zu hassen, der die Juden abgeschlachtet hat, so müßte ich mich entschließen, die ganze Welt zu hassen. Ich hatte Schwierigkeiten, als ich das erste Mal nach Deutschland kam, aber zugleich zwang ich mich, realistisch zu denken. Es ist kein Problem der Menschen, sondern der Umstände, ein Erziehungsproblem, es ist ein Problem der Gattung Mensch. Ich glaube, wir sind immer noch zur Hälfte Teufel und zur Hälfte Engel. Die Schriftsteller bringen Kultur hervor, aber sie haben auch die Aufgabe, den Engeln ein bißchen zum Nachteil der Teufel zu helfen.

Wie war Ihre erste Woche in Israel?
Da ich nicht als Zionist kam, hatte ich keine großen Hoffnungen. Die Zionisten weinten, sie waren enttäuscht. Das Land war einzigartig und grün, wir kamen vom Irak, einem sehr heißen Wüstenland. Es war schwierig für mich ohne Familie, aber zur gleichen Zeit war ich ein junger Mann, allein, ich mußte keine Familie unterstützen, es ging mir gut. Ich war dem Gefängnis im Irak entkommen, und hier hatten wir eine Demokratie. Ich war glücklich mit der Demokratie.

Was bedeuten Ihnen Ihre Kinder?
Sie sind der schönste Teil meines Lebens. Ich habe eine Tochter und einen Sohn und fünf Enkelkinder. Die Tochter hat zwei Mädchen, der Sohn zwei Buben und ein Mädchen. In ihnen allen sind irakische, polnische, deutsche, französische, russische Gene.

Sie teilen meine politische Meinung. Sie sind überzeugte Israelis, aber sie glauben auch fest, daß ohne die Koexistenz mit den Arabern vielleicht die Gefahr eines erneuten Holocausts droht.

Ansonsten, wie man hier in Israel sagt: nicht zu viele Eier in einem Korb.

Das Gespräch mit Sami Michael wurde am 28. Juni 1994 in Haifa geführt und von der Herausgeberin aus dem Englischen übersetzt.

Sami Michael
1926 in Bagdad/Irak geboren. 1948 floh er nach Persien, da er sich als Mitglied der illegalen Kommunistischen Partei Iraks in Lebensgefahr befand. In Persien lebte er etwa ein Jahr im Untergrund, bevor er 1949 nach Israel

ging. Studium der Psychologie und der arabischen Literatur.
Heute lebt er als freier Schriftsteller und Übersetzer in Haifa. Er ist verheiratet, hat zwei Kinder und fünf Enkelkinder.

Veröffentlichungen in deutscher Sprache: Eine Handvoll Nebel. Alibaba-Verlag 1993; Viktoria. Berlin Verlag 1995; Eine Trompete im Wadi. Berlin Verlag 1996.

Avigdor Dagan

Ich ging nicht ins Exil, ich kehrte zurück in ein Land, in dem mein Volk vor zweitausend Jahren lebte und wo alles begann.

Ich wuchs in Königgrätz in Böhmen auf. Meine Eltern stammten nicht aus Königgrätz, aber mein Vater hatte dort einen Posten bekommen. Sie stammten aus der Slowakei, aus der Gegend an der slowakisch-mährischen Grenze. Dort gab es meistens ungarische Schulen. Ich spreche kein Ungarisch. Ich besuchte eine tschechische Schule. Ich wuchs in einer zionistischen Familie auf. Meine Mutter hatte die zionistischen Ortsorganisationen gegründet. Für mich war es ein erklärtes Ziel, einmal nach Palästina zu gehen. Ich fing als zionistischer Journalist in Prag an. Dort studierte ich Jura und promovierte im Jahre 1938. Ich war auch Sekretär der jüdischen Partei im tschechoslowakischen Parlament. Es war eine kleine Partei, eine Minderheitenpartei, und als die Deutschen im März 1939 in unser Land einfielen, war es klar, daß ich fliehen mußte. Ich ging nach London. Meine Flucht verlief ziemlich glatt. Ich wurde von der zionistischen Organisation nach London geschickt, um für etwa siebzig meist gefährdete zionistische Führer englische Visa zu erhalten. Bis zum 1. April 1939 gab es keinen Visumszwang, und ich fuhr am 29. März von Prag weg. Ich bekam ziemlich schnell die Visa. Es ging darum, den Leuten mit den Visa den Aufenthalt in England zu ermöglichen, bis sie die Zertifikate nach Palästina erhalten würden. Das erreichte ich. Nicht alle kamen nach England, sehr viele blieben in der Tschechoslowakei. Ich blieb in London. Wir gründeten eine Organisation, Self Aid Association of Jews from Tchechoslowakia, und konnten noch einigen Menschen helfen, nach England zu gelangen. Dann brach der Krieg aus, und damit endete diese Arbeit. Im Rahmen meiner Tätigkeit lernte ich Jan Masaryk kennen. Er war der letzte tschechische Botschafter in London vor dem Krieg. Als dann im Juni 1940 Frankreich fiel und die tschechische Exilregierung von Frankreich nach London übersiedelte, wurde Masaryk Außenminister und bot mir an, in sein Ministerium einzutreten. Ich übernahm im Ministerium viele Aufgaben und blieb deshalb in London nicht nur bis zum Ende des Krieges, sondern auch danach als erster Sekretär an der Botschaft. Jan Masaryk kehrte 1945 nach Prag zurück und berief mich nach Prag. Es war eine große Erfahrung, noch einige Zeit unter den Kommunisten zu leben. Ich erlebte aus nächster Nähe, was das bedeutete. Im Februar 1948 kamen die Kommunisten an die Macht, und mir war klar, daß ich nicht dort leben wollte. Nach Jan Masaryk wurde Clementis Außenminister. Ich kannte ihn aus London. Er war Kommunist, doch ich konnte mit ihm ziemlich offen reden. Seine Kollegen brachten ihn im Jahre 1951 um. Ich sagte ihm: Du weißt, ich bin kein Kommunist. Ich will jetzt dorthin fahren, wohin ich schon lange wollte. Er bot mir sogar Hilfe an, aber er wollte, daß ich meine Arbeit zu Ende führte. Ich war nämlich im Außenministerium Chef einer Abteilung geworden, die den Friedensvertrag mit Deutschland vorbereitete. Man war überzeugt, daß es mit Deutschland einen Friedensvertrag geben würde – es kam natürlich nie dazu. Meine Aufgabe war, den tschechischen »case« vorzubereiten. Das tat ich, es dauerte eine gewisse Zeit, so daß ich nicht 1948, sondern erst 1949 ganz legal das Land verlassen konnte.

Kannten Sie Ihre Frau damals schon?

Ja, wir waren seit 1938 verheiratet, inzwischen sind wir

es seit sechsundfünzig Jahren. 1949 hatten wir schon zwei Kinder.

Unsere Einwanderung war nicht leicht. Wir waren zwar beide Zionisten, aber Hebräisch konnten wir nicht. Ich wußte nicht, was ich in Israel machen sollte. Ich kannte zufällig einige Leute, einer war der erste Außenminister Israels, Moshe Sharet. Er holte mich sofort in sein Ministerium. Ich arbeitete in Englisch, Hebräisch konnte ich nicht. Dann ergab sich die Möglichkeit, Hebräisch zu lernen und in dieser Sprache zu arbeiten. Ich bekam eine Stellung im Außenministerium auch aus folgendem Grund: Der neue Staat hatte Probleme, eines davon war, daß man sehr wenig über Deutschland wußte. Es gab sehr viele Leute in der Regierung, die es ablehnten, von Deutschland Reparationen anzunehmen. Ich war wahrscheinlich der erste, der ein Memorandum für Ben Gurion schrieb und darin äußerte, daß dies Unsinn sei. Warum sollten wir unbedingt Leuten, die unsere Eltern und Geschwister getötet hatten, alles lassen? Mein Memorandum wirkte. Es war gewiß nicht der einzige Impetus, aber es trug dazu bei, daß mit Adenauer Verhandlungen eingeleitet wurden, bei denen ich nicht zugegen war. So bestand meine erste Aufgabe im Ministerium darin, einige Informationen über Deutschland zu liefern. Ich verfügte über solche Informationen, weil ich in Prag den Vertrag vorbereitet hatte.

Danach wechselte ich jeden Monat die Abteilung. Das Ministerium wurde aufgebaut, und jeden Tag änderte sich etwas. Eines Tages mußte man eine Asien-Abteilung gründen. Ich wußte nichts über die asiatischen Länder, aber ich hatte wenigstens die Erfahrung aus meiner tschechischen Vergangenheit, und so wechselte ich in die asiatische Abteilung. Dort blieb ich bis 1955. Dann schickte man mich das erste Mal ins Ausland, nach Japan. Ich war von 1955 bis 1959 in Japan zunächst als Sekretär, dann

als Botschaftsrat und Chargé d'affaires. Es gab später längere Zeit keinen Botschafter, und ich war Chef de mission. Von Japan wurde ich als Botschaftsrat und Chargé d'affaires nach Burma geschickt, wo ich nur bis 1960 blieb. Von dort aus war ich auf verschiedenen Missionen, von denen die wichtigste die Aufnahme diplomatischer Beziehungen mit Nepal war. Ich hatte den nepalesischen Ministerpräsidenten in Burma getroffen, und er lud mich ein, nach Katmandu zu gehen.

Das war damals noch ein Abenteuer.

Ja, das kann man sagen. Es war 1960. Danach kehrte ich nach Jerusalem zurück.

Bereits im Jahre 1961 wurde ich nach Polen geschickt. Während meiner Zeit wurde die Gesandtschaft zu einer Botschaft erhöht, und ich blieb bis 1964 dort. 1964 kam ich zurück und wurde Chef der osteuropäischen Abteilung. 1966 ging ich als Botschafter nach Jugoslawien. 1967 brachen alle kommunistischen Länder die Beziehungen mit Israel ab, somit war ich der letzte Mann in Belgrad. Wir kehrten zurück nach Jerusalem, und ich blieb in Israel bis zum Jahre 1969. 1969 ging ich als Botschafter nach Oslo, ich war auch für Island akkreditiert. Ich blieb bis 1972 in Norwegen. 1972 war ich drei Monate in Amerika als Mitglied der Delegation für die United Nations. Im Jahre 1974 wurde ich als Botschafter nach Österreich entsandt. Das war mein letzter Posten. 1977 ging ich in Pension, und seit der Zeit habe ich mit Diplomatie sehr wenig zu tun.

Meine einzige Genugtuung war, daß mich 1989 nach dem Umsturz in der Tschechoslowakei unser damaliger Außenminister einlud, als Mitglied seiner Delegation nach Prag zu fahren, um dort die Beziehungen mit der Tschechoslowakei zu erneuern. Es war meine letzte diplomatische Aufgabe. Man lädt mich immer noch ein, wenn es Besuche gibt, meistens solche aus der Tschechoslowakei, aber es handelt sich nur um gesellschaftliche Angelegenheiten, nicht um Diplomatie.

Seit jener Zeit, seit 1977, bin ich zu meiner ersten Liebe zurückgekehrt und schreibe.

Haben Sie immer geschrieben?

Ja, immer. Bisher habe ich von der Diplomatie gesprochen, jetzt können wir über die Literatur reden.

In meiner Jugend schrieb ich eigentlich nur Gedichte. Ich habe insgesamt, so glaube ich, acht Gedichtbände herausgegeben. Davon hat einer den Prestigepreis der Tschechoslowakei gewonnen, den Melantrich-Preis, im Jahre 1936. Erst im Jahre 1947 schrieb ich meinen ersten Roman. Ich glaubte nicht, daß ich es kann. Ich hatte einen Freund, einen tschechisch-jüdischen Schriftsteller, Frantisek Langer. Er sagte mir, ich müsse es versuchen. Also versuchte ich es. Es gab im Jahre 1947 einen Verlag »Europäisch-literarischer Club«, der jedes Jahr einen Wettbewerb ausschrieb. Mit meinem ersten Roman gewann ich und bekam ziemlich viel Geld dafür. Später, als dann die Kommunisten an die Macht gekommen waren, sagte man mir: Du kannst das Geld behalten, aber das Buch wird nicht erscheinen. Der Roman ist unpolitisch und erzählt von einem jüdischen Knaben, der zwischen zwei Großvätern aufwächst. Der eine Großvater glaubt an einen strengen Gott, der andere glaubt an den verzeihenden Gott. Das Buch wurde damals nicht publiziert, es erschien 1952 auf hebräisch. Im tschechischen Original wurde es erst im Jahr 1980 in Kanada veröffentlicht. Dort gab es einen großen Exilverlag. Vor zwei Jahren kam der Roman in Brünn heraus.

Ein Buch, das ich gleich nach meiner Ankunft in Israel schrieb, ist »Gespräche mit Jan Masaryk«. Ich hatte viele Notizen über unsere Gespräche. Das Buch erschien fünfmal in Tschechisch, zuletzt in Prag in einer Auflage von 250000 Exemplaren. Es existiert auch in Deutsch. Die

Gespräche geben ein umfassendes Bild von Masaryk. – Das war so ziemlich alles, was ich vor meiner Pensionierung schreiben konnte. In der Zeit meiner diplomatischen Tätigkeit war es mir unmöglich, zu schreiben. Als ich 1975 in Oslo war – dort gab es keine politischen, diplomatischen Probleme, und man hatte sehr viel Zeit –, schrieb ich den Roman »Der Hahnenruf«. In Deutsch ist er zur Zeit vergriffen. In Israel war das Buch ein großer Erfolg. Nach 1977 habe ich viel geschrieben, durchschnittlich ein Buch im Jahr. Meine Werke sind ins Holländische, Englische, Französische, Deutsche übersetzt. Den größten Erfolg habe ich heute in Prag. Das meistübersetzte Buch sind »Die Hofnarren«, die bereits in neun Sprachen publiziert wurden. Zwei Romane über das Thema der »Schoa« habe ich zusammen mit meinem Bruder Gabriel Dagan geschrieben Er ist achtzehn Jahre jünger als ich und hat Auschwitz überlebt. Vieles, was in den »Hofnarren« geschildert wird, stützt sich auf seine Erzählungen.

Wann gingen Sie das erste Mal wieder nach Deutschland?

1947 fuhr ich mit dem Auto durch Deutschland nach Prag. Ich war in Berlin bei dem damaligen Ullstein-Verleger. Ein einziges Mal habe ich in Deutschland gelesen, in Siegen. Jetzt bin ich schon sehr lange nicht mehr in Deutschland gewesen. Im allgemeinen fiel es mir nicht schwer, dorthin zu fahren. Das Leben geht weiter.

Ihr erster Eindruck von Israel?

Stella Dagan: Wir waren beide sehr aktive Zionisten, die ganzen Jahre über. Wir wußten sehr viel über Israel.

Avigdor Dagan: Es war sehr aufregend. Es dauerte sechs Wochen, bis ich überhaupt anfing zu arbeiten. In dieser Zeit war ich bereit, alles zu tun. Hauptsache war, im Land zu sein und etwas bewegen zu können. Es war gerade Chamsin, obwohl wir im November ankamen, aber es regte uns nicht auf. Es war ein großes Glück gewesen, überhaupt aus dem kommunistischen Prag herauszukommen.

Die deutschen Juden, die Jeckes, haben sich getroffen und treffen sich noch immer zu Lesungen und Veranstaltungen. Gab es hier auch einen tschechischen Kreis?

Es gab damals eine Organisation der ehemaligen tschechoslowakischen Juden. Außerdem gibt es eine Gesellschaft der Freundschaft zwischen der Tschechoslowakei und Israel, deren Ehrenpräsident ich bin. Aber ich bin nicht sehr aktiv in diesen Organisationen. Wir hatten Freunde, die wir von Prag kannten, aus der zionistischen Bewegung, mit denen kamen wir zusammen und sprachen meistens Tschechisch. Man hat mich gefragt, warum ich in meinen Büchern noch immer ein so schönes Tschechisch schreiben kann. Ich habe mir dieses Tschechisch erhalten, weil ich nicht im Land war. Das wird im Deutschen auch so sein.

Das zeigt sich auch in deutschsprachigen Anthologien, die Sprache ist die Sprache der zwanziger, dreißiger Jahre, die Literatursprache, ein sehr gehobenes Deutsch.

Stella Dagan: Unsere Kinder, die zwei Söhne sind ja nicht hier geboren, und unsere Enkelkinder, die hier in der Armee waren, sind echte Israelis. Die beiden Söhne haben im Sechstagekrieg gekämpft und in vielen anderen Kriegen.

Sind Ihre Söhne jemals wieder in die Tschechoslowakei gegangen?

Ja. Als meine Bücher »Der Hahnenruf« und »Gespräche mit Jan Masaryk« wieder erschienen, hatte ich viel Geld in Prag. Ich lud zweimal die ganze Familie in die Tschechoslowakei ein. Es war sehr schön, wir zeigten ihr Prag. Einmal war es, als ich achtzig wurde. Vor zwei Tagen bin ich zweiundachtzig geworden. Der ältere Sohn ist zwei-

undfünzig, der andere siebenundvierzig. Der ältere Sohn spricht noch Tschechisch, er ist in London geboren.
Stella Dagan: Mein Englisch war nicht so gut, ich sprach immer Tschechisch mit ihm. Er ging auch eineinhalb Jahre in die tschechische Schule und lernte lesen, das ist das Wichtigste.
Avigdor Dagan: Er kann zum Beispiel meine Bücher in Tschechisch lesen, was mich freut. Einige deutsche Übersetzungen meiner Bücher stammen von mir, ich nenne das Daganesisch.

Sie sprechen sehr gut Deutsch.

Naja, ich kann mich verständigen. Nach meinen Übersetzungen verdeutscht und verbessert jemand den Text. Auch die »Hofnarren« habe ich selbst übersetzt, ins Englische und ins Deutsche. Die hebräischen Übersetzungen waren meistens hervorragend. Es gab hier einen Mann – er starb vor einem Jahr –, der zwei meiner Bücher übersetzte. Er hieß Zwi Arad und war ein hervorragender Übersetzer. Es gibt natürlich Leute, die einen realistisch erzählten Roman aus dem Tschechischen ins Hebräische übersetzen können. Aber ich schreibe eigentlich lyrische Prosa. Und Leute, die meine Prosa übersetzen können, gibt es hier nicht. Ich habe jetzt einen Mann gefunden, der eines meiner Bücher übersetzt hat. Meistens mußte ich die Bücher selbst übersetzen, auch ins Hebräische. Das hält mich zwar auf, lieber würde ich etwas Neues schreiben, aber es bringt auch Vorteile mit sich. Während des Übersetzens kann ich noch kleine Sachen ändern, den Text nochmals durchdenken. Für den Verleger schreibe ich ohnehin zu schnell.

Wen kannten Sie von den deutschen Exilschriftstellern?

Arnold Zweig lebte hier in Haifa.

Von ihm wird erzählt, er habe sich überhaupt nicht umstellen können.

Ich traf ihn erst im Jahr 1947, kurz nachdem wir aus London zurückgekehrt waren, in Dobus, in einem Schloß, das damals dem Verein der tschechischen Schriftsteller gehörte. Arnold Zweig war als Gast eingeladen worden. Ich sprach mit ihm hauptsächlich über Palästina, damals gab es noch kein Israel. Vom jüdischen Standpunkt aus gesehen war er »eine kalte Schnauze«, assimiliert, doch negativ eingestellt. Er trug in sich einen gewissen Judenhaß, anderen Juden geht es auch so. Durch die Gespräche begriff ich, daß das neue Land ihm vollkommen fremd war, und er sehr, sehr links stand. Er ging dann nach Ostdeutschland, wo er in den sechziger Jahren starb.

Ich wurde als österreichischer Staatsbürger geboren. Mein Vater war im ersten Weltkrieg ein österreichischer Offizier. Die Österreicher gaben ein Buch von Schriftstellern heraus, die Österreicher waren. In dem Buch bin ich auch vertreten, obwohl Österreich-Ungarn zu einer Zeit sich auflöste, als ich sechs Jahre alt war.

In der Literatur, der Wissenschaft, im Geistesleben waren die Juden im damaligen Osteuropa herausragende Persönlichkeiten. Schriftsteller, Komponisten, Ärzte: Schnitzler, Mahler, Freud – alle Juden. Die Länder sind ohne Juden geistig ärmer geworden.

Deutschland auch.

Über Deutschland kann ich nicht reden. Aber in Deutschland gab es Anfang des zwanzigsten Jahrhunderts auch große nichtjüdische Persönlichkeiten wie Thomas Mann und viele andere. In Österreich war es nicht so, bis vor einigen Jahren reichte niemand an Canetti oder Torberg heran, Josef Roth, im damaligen Böhmen Brod, Kisch, Kafka.

Karl Kraus.

Er war allerdings ein Judenhasser.

Wie erklären Sie sich den jüdischen Selbsthaß?

Der Jude leidet, weil er ein Jude ist. Nicht jeder kann das überwinden. Wenn man kein Zionist und kein religiöser Jude ist, lebt man in einem Vakuum. Sie wissen, daß man sich nur bis zu einem gewissen Grad assimilieren kann. Man will sich zwar assimilieren, aber nicht von der anderen Seite akzeptiert werden. Das ist keine leichte Situation.

Wie beurteilen Sie Arafats gestrigen Besuch im Gazastreifen?

Es gibt zwei Aspekte. Sein Besuch hat mich gar nicht aufgeregt, ich halte ihn für normal. Ich war gegen unser Verbleiben im Gaza-Streifen. Wir hätten gleich wieder weggehen sollen. Es ist ein Gebiet, das niemand haben will. Die Ägypter wollten es nicht behalten, die Jordanier waren dort und wollten es auch nicht haben. Wir stolperten da hinein, ganz unsinnig. Mich hat es gefreut, daß Arafat dorthin gegangen ist. Der zweite Aspekt ist, was er bei dem Besuch gesagt hat. Da sind schon Dinge, die ich für ziemlich ernst halte, immer wieder Jerusalem, Jerusalem. Und er spricht von den Arabern im Galil und im Negev und geht viel weiter, als unser Vertrag vorsieht. In diesen Dingen müssen wir vorsichtig reagieren.

Das Gespräch mit Dr. Avigdor Dagan wurde am 3. Juli 1994 in Jerusalem geführt.

Avigdor Dagan

wurde am 30. Juni 1912 als Viktor Fischl im böhmischen Königgrätz/Tschechoslowakei geboren. Er studierte Rechts- und Staatswissenschaften an der Universiät in Prag. 1938 Heirat mit Stella Berger. Im Zweiten Weltkrieg diente er der tschechischen Exilregierung in London, wo er auch Sekretär des tschechoslowakischen PEN-

Clubs war. 1949 wanderte er nach Israel aus. Als Botschafter vertrat er Israel in mehreren Ländern und nahm den Namen Avigdor Dagan an. 1991 erhielt Avigdor Dagan den T. G.-Masaryk-Orden der Tschechoslowakischen Republik. 1997 erhielt er den Masaryk-Orden der Tschechischen Republik. Er hat zwei Söhne und vier Enkelkinder.

Avigdor Dagan hat zahlreiche Gedichtbände und Romane veröffentlicht, in deutscher Sprache unter anderem: Der Hahnenruf. Ullstein Verlag 1980; Die Spieluhr. Ullstein Verlag 1983; Das fünfte Viertel. Knaur 1992; Störche im Regenbogen. Roetzer Verlag 1983; Gespräche mit Jan Masaryk. Thule-Verlag 1983; Die Hofnarren. Knaur 1990; Kafka in Jerusalem. Knaur 1993.

Hana Greenfield

Morgen fahren wir in die Tschechische Republik zur 300-Jahr-Gedächtnisfeier für die Synagoge in meiner Heimatstadt Kolin. Die Menschen, die die Tora-Rollen aus meiner Synagoge retteten, sind eingeladen worden. Sie kommen aus Australien, England, Israel und den Vereinigten Staaten. Die Rede, die ich vorbereitet habe, fängt so an: »Kolin, Kolin, du liegst in einer schönen Ebene, wo ich meine Jugend unter meinen Freunden verbrachte.« Dies ist der Refrain eines sehr bekannten tschechischen Liedes über die Stadt meiner Geburt. Als ich Kolin nach der »sanften Revolution« wiederbesuchte, wurden mir im tschechischen Fernsehen Fragen gestellt wie: »Es muß schwierig für Sie sein, zurückzukommen und mit den schrecklichen Erinnerungen Ihrer Jugend konfrontiert zu werden.« Im Gegenteil: ich habe die schönsten Erinnerungen an meine Kindheit in Kolin, wo ich geboren und frei aufgewachsen bin, in der Tschechoslowakei, einem äußerst demokratischen Land in Europa zwischen dem Ersten und Zweiten Weltkrieg unter der Führung eines großen liberalen Staatsmanns, Präsident Tomas Garrigue Masaryk. Wir waren eine jüdisch ausgerichtete Gemeinde, die sich an das tschechische Leben assimiliert hatte. Dies ist sehr gut in der tschechischen Nationalhymne ausgedrückt: »Zwischen den Tschechen ist meine Heimat.« So war es sechshundert Jahre lang. Eine imposante gotische Kirche aus dem dreizehnten/vierzehnten Jahrhundert bestimmt die Silhouette der Stadt. Eine barocke jüdische Synagoge, 1696 erbaut, versteckt sich hinter einem einfachen Haus, das vor der Synagoge an eine Fußgängerzone grenzt.

Schöne Barockhäuser umrahmen den Marktplatz der

Stadt, in meiner Jugend gehörten viele von ihnen jüdischen Kaufleuten: das Warenhaus der Familie Elsner, wo ich immer, wenn ich vorbeiging, exotische Nüsse zugesteckt bekam. Es gab die Familie Ornstein mit dem Rechtsanwalt meiner Mutter, die Familie Kodicek, bei der wir unsere neuen Schuhe für alle jüdischen Feiertage kauften. Tante Heller, für die ich immer – wenn ich vorbeiging – ein paar Münzen für ein Eis zurückgelegt hatte, die Familie Roubicek, deren Sohn mit mir Hebräisch und jüdische Geschichte lernte. Wir wurden von Dr. Feder, unserem hochangesehenen Rabbiner, jeden Samstagnachmittag in seinem Haus unterrichtet.

Ich hatte viele Freundinnen in meiner Klasse. Sie kamen zu mir nach Hause, um mit meinen Spielsachen zu spielen. Ich ging selten zu ihnen. Ich wundere mich eigentlich, warum das so war. Ich war die einzige jüdische Schülerin in meiner Klasse, ich spürte keinen Antisemitismus. Es gab ihn vielleicht, er war aber unterdrückt in der Demokratie, in der wir lebten.

Jede Jahreszeit brachte ihre Freuden. Im Winter liefen wir Ski und Schlittschuh, im Sommer fuhren wir Rad und schwammen in der Elbe, die durch die Stadt fließt. Geliebt von meinen Eltern und verwöhnt von meinen Großeltern, ohne Hunger zu kennen oder irgend etwas zu entbehren, besuchte ich das örtliche Gymnasium, blickte voller Neugierde jedem neuen Tag entgegen, lernte und freute mich an der wunderschönen Welt, in der ich lebte, bis zu dem Tag, als sich Wolken über mein Land zusammenzogen und Hitler die Tschechoslowakei besetzte. Es dauerte nicht lange, und überall sah man Schilder mit der Aufschrift »Juden unerwünscht«. Ich konnte nicht länger die Schule besuchen, an Pfadfindertreffen oder anderen Veranstaltungen teilnehmen. Ein Diktator hatte meiner Freiheit ein Ende gesetzt, vergiftete durch seine Propagandapolitik die Mehrheit der Bevölkerung mit Haß und

Furcht. Ich wurde eine Ausgestoßene. Aus Rache für die Ermordung des stellvertretenden Reichsprotektors, des SS-Obergruppenführers Reinhard Heydrich, wurde Lidice ausgelöscht. Man erschoß hundertdreiundsiebzig Männer, schickte sechzig Frauen in die Konzentrationslager, und achtundachtzig Kinder wurden von den Nazis umerzogen. Lidice ist ein Ereignis, das bis heute erinnert wird. Die Tatsache fand nie Erwähnung, daß auch tausend jüdische Bürger von Kolin am 13. Juni 1942 zusammengetrieben und in den Tod geschickt wurden, als Vergeltung für den Tod Heydrichs. Während die Bevölkerung von Kolin die Deportation beobachtete, protestierte niemand. Damit ging die sechshundertjährige jüdische Gemeinde von Kolin unter.

Wann endete deine Kindheit?
Ich erinnere mich an einen Vorfall, der mich in die Wirklichkeit brachte. Wenn ein Kind aufgezogen wird, beschützen es seine Eltern, sein Heim, die Liebe, die es erhält. Je jünger das Kind ist, desto weniger ist es sich der Vorgänge in der Politik bewußt, denn die Eltern versuchen ja immer, das Kind davon fernzuhalten.

Tennis war, genau wie heute, ein sehr populärer Sport in der Tschechoslowakei. Ich erinnere mich, daß ich eine sehr schöne Sportausrüstung erhalten hatte, einen weißen, plissierten Rock, Tennisschuhe, einen neuen Tennisschläger. Ich ging mit meinen Freundinnen zum Tennisplatz, der etwas außerhalb der Stadt lag, um meine erste Tennisstunde zu nehmen. Wir liefen und lachten, freuten uns über die schöne Welt, in der wir lebten und kamen am Tennisplatz an. Plötzlich erschrak ich und sagte zu meiner Freundin: »Ich kann nicht mit hineingehen.« Meine Freundin sagte: »Warum nicht, was ist los?« Und ich sagte: »Lies' das Schild hier. – Juden unerwünscht.« Meine Freundin antwortete: »Sei nicht dumm, keiner weiß es.« Ich glaube, daß in dem Augenblick meine Kindheit endete. Mein Stolz erlaubte mir nicht hineinzugehen. Ich wußte plötzlich, daß ich anders als andere Kinder war. Von diesem Moment an sah ich die Welt mit anderen Augen, ich wurde schnell groß danach. Mir wurden die Einschränkungen bewußt, die uns auferlegt worden waren, die Probleme, die meine Eltern bewältigen mußten, und natürlich auch die nachfolgenden Entwicklungen.

Nach jenem Sommer durfte ich nicht mehr zur Schule gehen, keiner Jugendbewegung mehr beitreten, ich konnte nicht mehr ins Kino gehen, keinen Park mehr betreten. Allmählich gab die Gestapo immer neue Dekrete heraus. Wir durften nicht mehr einkaufen oder nur zu bestimmten Tageszeiten, es war verboten, die Stadt zu verlassen, wir mußten unsere Autos abgeben, unsere Fahrräder, unsere Pelzmäntel, unseren Schmuck, unsere Musikinstrumente, Radio, Plattenspieler, es wurde Teil des täglichen Lebens, sie nahmen uns alles ab, was uns gehörte.

Wir hatten ein schönes Haus, wir mußten es verlassen und in ein kleineres umziehen, denn unsere Häuser wurden von den Deutschen und von den Tschechen beschlagnahmt, die mit ihnen zusammenarbeiteten. Man konfiszierte unsere Geschäfte. Akademiker durften ihren Beruf nicht mehr ausüben. Unsere Bankkonten waren gesperrt. All dies änderte natürlich unser Leben erheblich, denn wir hatten nun kein Einkommen mehr. Es gab nur sehr wenig zu essen, und so fühlten wir jeden Tag stärker, wie sich der Strick um unseren Hals zusammenzog. Für ein Kind war dies nur sehr schlecht zu verstehen. Wir achteten darauf, nicht zu sprechen. Wir waren auch tief verletzt. Ich hatte so eine glückliche Kindheit gehabt. Wir mußten nun den gelben Stern tragen mit dem Wort »Jude« in schwarzer Schrift. Wir mußten ihn auf jedes Kleidungsstück nähen, das wir trugen. Wenn ich durch die Straßen in meiner Stadt ging und meine Freundinnen

traf, mit denen ich im Kindergarten, in der Schule gewesen war, mit denen ich gespielt hatte, wußten sie plötzlich nicht mehr, wie sie sich verhalten sollten. Sie gingen auf die andere Seite, um der Begegnung auszuweichen. Das war schrecklich schmerzhaft. Ich fühlte mich nicht schuldig. Ich hatte nichts getan. Ich hatte nicht gestohlen, niemanden getötet. Diese Vorkommnisse vertieften den Schmerz, der in mir wuchs. Ich begriff, daß etwas geschah, was nicht normal, sondern erschreckend war. Meine Eltern konnten nur sehr schwer mit dieser Situation zurechtkommen, sie konnten die ganze Entwicklung nicht fassen. Dies alles geschah, weil wir Juden waren. Doch wir waren Juden, die seit sechshundert Jahren im Land lebten. Und die Menschen waren freundlich zu uns. Wir gehörten zu ihnen. Wir stellten nicht einmal eine Minderheit dar. Wir waren Tschechen, wir liebten das Land. Wir waren gute Bürger, wir zahlten Steuern. Was war plötzlich geschehen? Natürlich waren die Folgen in späteren Jahren furchtbar, psychologisch gesehen. Als das Leben vor den Deportationen immer schwieriger wurde, nachdem wir aller Mittel, uns selbst zu erhalten, beraubt worden waren, zwangen die Deutschen die Juden, körperliche Arbeit zu leisten. Man sagte immer: »Die Juden arbeiten nicht mit ihren Händen.« Die Männer wurden gezwungen, auf den Straßen zu arbeiten, und die Frauen mußten in die Fabriken. Es war Zwangsarbeit, nicht Sklavenarbeit, aber Zwangsarbeit. Wir mußten um vier Uhr morgens in eine Fabrik und kamen abends um fünf Uhr wieder zurück. Die Fabrik hieß »Hellada«, eine Seifenfabrik.

Dann fingen sie an, die jüdische Bevölkerung zu zählen. Ich gehörte zu denjenigen, die von der Gestapo geholt wurden, um in der Registrierungsabteilung ihres Hauptquartiers zu arbeiten. Jeder Jude hatte eine blaue und eine rote Karte. Auf der einen Karte standen alle Daten zur

Person, und die andere Karte enthielt alle Informationen, die man über den Juden hatte: ob er Nicht-Juden getroffen hatte, ob er über Geld verfügte, ob er sein Haus nach acht Uhr abends verließ und anderes mehr. Die Gestapo übte eine strenge Kontrolle über die jüdische Gemeinde aus. Dies war kurz vor der Deportation. Die Deportationen erfolgten im ganzen Land, eine Gemeinde nach der anderen. Im Mai 1942 wurde das Attentat auf Reinhard Heydrich verübt, doch er starb nicht sofort, er war verwundet. Es dauerte einige Wochen, bis er starb. Dann setzten furchtbare Vergeltungsmaßnahmen ein, und sie erfaßten unsere Stadt, alle jüdischen Einwohner. Wir durften einen Koffer von zwanzig Kilogramm mitnehmen, ohne zu wissen, wohin wir gingen. Natürlich nahmen wir warme Sachen, einige Sommersachen, Decken und etwas Essen mit. Zwanzig Kilo sind nicht viel. Man trieb uns in einer Schule zusammen, wir erhielten Nummern und wurden sehr grob behandelt. Wir bekamen vierundzwanzig Stunden nichts zu essen. In dieser Atmosphäre, nach dem Attentat, verhielten die Deutschen sich wie die Wilden. Unser Transport blieb drei Tage in jener Schule. Am 13. Juni, sehr früh am Morgen, gingen wir mit unseren kleinen Bündeln zum Bahnhof von Kolin. Wir wurden in Wagen gepfercht, und der Zug fuhr um fünf Uhr morgens ab. Er kam in Bohusovice an, einem kleinen Ort etwa drei Kilometer von der Festung Theresienstadt entfernt, die später das Ghetto Theresienstadt wurde. Fünzig Leute mußten den Transport verlassen. Der Befehl war – ich fand das erst später durch Nachforschungen heraus –, tausend Juden zu töten. Die Deutschen waren sehr genau in der Ausführung von Befehlen, und wir waren tausendfünfzig. Sie nahmen fünfzig Juden aus dem Transport, und meine Mutter, meine Schwester und ich unter ihnen. Die restlichen Juden meiner Stadt setzten die Reise innerhalb einer Stunde nach Ankunft in Bohusovice fort. Man hat nie wieder etwas von ihnen gehört. Sehr interessant ist, daß trotz aller Nachforschungen, die wir durch die Jahre anstellten, und obwohl wir aufgrund der Fahrpläne der deutschen Reichsbahn wissen, wo die Züge ankamen, dieser der einzige Transport war, dessen Ziel nie festgestellt werden konnte. So ging unsere ganze Stadt durch die Vergeltungsmaßnahmen für die Ermordung Heydrichs zugrunde.

Meine Mutter, meine Schwester und ich kamen nach Theresienstadt. Natürlich war das ein großer Schock, plötzlich aus der zwar eingeschränkten Freiheit, die wir zurückgelassen hatten, hinter verschlossene Türen und dicke Wände zu kommen. Wir waren in Baracken untergebracht, die vorher als Unterkunft für Soldaten gedacht waren. Sie waren ursprünglich für die Armee von Maria Theresia gebaut worden. Männer und Frauen wurden getrennt untergebracht. Man schloß uns ein und verbot uns, hinauszugehen. Wir konnten die Männer nicht treffen, wir konnten die Familie nicht treffen. Ich erinnere mich, daß ich meinen Vater sehen wollte. Ich wußte, daß er mit einem vorhergehenden Transport angekommen war. Ich meldete mich freiwillig zu einem Säuberungskommando zur Reinigung der Toiletten in der Baracke der Männer. Ich hoffte, vielleicht meinen Vater sehen zu können. Kurz danach wurde er fortgeschickt, und ich habe nie wieder von ihm gehört. Der Transport ging nach Maly Trostinec. Das war Anfang August 1942. Nur zwei Männer überlebten diesen Transport. Ich traf einen von ihnen vor ein paar Jahren in Prag. Maly Trostinec hieß der Ort, wohin sie gebracht worden waren. Man entlud den Zug, die Menschen kamen auf Lastwagen, die wegfuhren. Eine halbe Stunde später kamen die Lastwagen zurück. Sie waren darin vergast worden. Die Deutschen holten einige Leute aus dem Transport für Arbeitseinsätze heraus, und der Mann, mit dem ich sprach, war einer von ihnen.

Nach Theresienstadt kamen die alten Leute aus Deutschland. Man hatte ihnen gesagt, sie würden in einen Luftkurort gebracht, und vor ihrer Abreise aus Deutschland hatten sie dafür bezahlt.

Nicht nur aus Deutschland. Die alten Leute kamen nach Theresienstadt aus verschiedenen Ländern wie Österreich, Tschechoslowakei, Deutschland, Holland und Belgien. Sie hatten keine Chance zu überleben. Die Bedingungen waren zu schwer für sie. Das Ghetto war überfüllt, sie wurden entweder im Keller oder unter dem Dach untergebracht. Es war sehr schwierig für sie, dort zu leben. Es war feucht, es war heiß, es gab Treppen in den alten Häusern. Die sanitären Anlagen waren in einem entsetzlichen Zustand. Wenn zum Beispiel ein alter Mensch von achtzig Jahren zur Toilette gehen wollte, mußte er drei Treppen hinuntersteigen. Es gab eine oder zwei Toiletten für fünfhundert Leute. Sie hatten kein Papier, keine Seife, sie starben wie die Fliegen.

Mit den Juden aus Deutschland geschah folgendes: die Deutschen wollten erreichen, daß sie ohne Protest gingen. Sie versprachen ihnen, daß sie in eine besondere Stadt, ein Bad gebracht würden. In diesem Bad gäbe es alle erforderlichen Einrichtungen für alte Leute. Sie mußten eine bestimmte Summe Geld bezahlen, fast alles Geld, das sie besaßen. Sie bezahlten, und dann kamen sie an, hübsch und sauber, schön angezogen, die Männer mit nur einem Bein oder einer Hand, die sie im Ersten Weltkrieg verloren hatten, mit dem Eisernen Kreuz, das man ihnen verliehen hatte, weil sie für Deutschland gekämpft hatten. Die Frauen mit kleinen Hüten und Handschuhen, so hübsch, so elegant. Und plötzlich kamen sie an diesen furchtbaren Ort. Sie konnten es nicht verstehen. Sie waren wütend über die tschechischen Juden. Sie wollten an Hitler schreiben und sich über das beschweren, was die tschechischen Juden ihnen antaten. Sie wollten die Realität nicht akzeptieren. Es war eine der rührendsten Geschichten, die ich in den Lagern erlebte. Es war herzzerreißend. Keiner überlebte. Als dieser Transport mit den alten Leuten ankam, starben im Ghetto zwischen zweihundert und dreihundert Menschen am Tag. Sie starben wie die Fliegen. Sie hatten keine Chance.

Du schreibst in deinem Buch über deine Mutter und die »Bialistok-Kinder«. Kannst du mir etwas darüber erzählen?

Ich habe den Aufsatz »Das Schicksal der Bialistok-Kinder« geschrieben. Darin schildere ich ein Ereignis, das selbst im Holocaust durch besondere Unmenschlichkeit hervorsticht. Ich forschte über dreißig Jahre nach dem Schicksal der Bialistok-Kinder. Im Anfang war es sehr schwierig, irgend etwas Konkretes zu erfahren. Es dauerte Jahre, bis ich in Amerika, in Auschwitz, in England, in Israel Dokumente in den Archiven fand, Bruchstücke, die ich schließlich wie ein Puzzle zusammensetzte, um über die Geschichte der Bialistok-Kinder berichten zu können. 1942, als die Nachrichten, daß die Juden umgebracht werden, die westliche Welt erreichten, begannen Organisationen Kontakte aufzunehmen und zu verhandeln, um wenigstens einige der jüdischen Kinder zu retten. Es gab in der Slowakei eine jüdische Organisation, denn die Slowakei war nach der Okkupation von Böhmen und Mähren ein selbständiger Staat geworden. Die Juden lebten dort bis 1944 in Freiheit. Es gab eine weitere Organisation in der Schweiz. Es gab eine tschechische Exilregierung in London. Man versuchte, auf irgendeine Art und Weise mit den Deutschen Kontakt aufzunehmen, um die Kinder, vielleicht sogar andere Juden, zu retten. Zu diesem Zeitpunkt verlor Rommel in Nordafrika den Krieg. Viele Deutsche kamen in Kriegsgefangenschaft. Vielleicht konnte man sie gegen einige jüdische Kinder austauschen. Die Verhandlungen begannen an drei verschiedenen Orten. Die Gruppe in der Slowakei nahm gemeinsam mit Rabbi Weißmantel und Gizi Fleischman Kontakt zu einem Mitarbeiter von Eichmann auf. Er hieß Wisliceny. Erst wollte er Eichmann diesen Vorschlag nicht unterbreiten, später stimmte er zu. Eichmann forderte Geld für den Tausch. Die Verhandlungen dauerten bis 1943. Die slowakischen Juden wandten sich an die Organisation in der Schweiz, die wiederum mit ihrer Organisation in den Vereinigten Staaten Kontakt aufnahm, um das Geld zu beschaffen. Schließlich stimmte man dem Austausch zu. Zu dieser Zeit waren aber nirgendwo mehr jüdische Kinder. Das Morden hatte seinen Höhepunkt erreicht. Im Ghetto von Bialistok hatte ein Aufstand stattgefunden. Die Insassen sollten nach Treblinka zur Vergasung geschickt werden. Die Deutschen ergriffen die Gelegenheit, nahmen die Kinder der Juden aus dem Ghetto, die zur Vernichtung nach Treblinka deportiert werden sollten, und brachten sie nach Theresienstadt. Dieses Vorgehen war unüblich für die Deutschen, weil sie die Kinder aus der Hölle von Bialistok zurück in die Zivilisation schickten. Es waren etwa tausendzweihundert Kinder. Aber diese Kinder hatten bereits ein Trauma, und ihr Anblick versetzte uns einen Schock.

Wie bereits erwähnt, hielten die tschechischen Juden als Angehörige einer westlichen Bevölkerung selbst unter den schwierigen Umständen eine gewisse Würde aufrecht. Wir hatten solche Kinder noch nie gesehen. Sie waren schmutzig, voller Läuse, in zerrissenen Kleidern, ohne Schuhe, sie sahen furchtbar aus. Sie hatten im polnischen Ghetto bereits zwei Jahre unter fürchterlichen Bedingungen gelebt. Sie waren halbverhungert, verwahrlost. Wir hatten so etwas noch nie gesehen. Selbst wenn man hungerte, wusch man die Kinder, kämmte sie. Das Leben in den polnischen Ghettos war furchtbar schwierig, besonders weil die Leute wußten, daß sie auf jeden Fall deportiert wurden und in ihre Vernichtung gingen. Sie mußten zuviel leiden.

Als die Kinder in Theresienstadt ankamen, isolierte man sie völlig von den anderen. Die Deutschen wollten nicht, daß wir sie sahen. Aber man kann nicht alles verbergen, dies war ein Transport von eintausendzweihundert Kindern, nicht von hundert oder zehn Kindern. Diese Kinder sprachen Polnisch und Jiddisch, und nur wenige Leute verstanden sie, denn tschechische Juden sprachen nicht Jiddisch oder Polnisch. Als man die Kinder brachte, um sie zu waschen und zu entlausen, klammerten sie sich aneinander, schrien und wehrten sich. Sie schrien: »Gas, Gas«. Keiner verstand, wovon die Kinder sprachen. Sie blieben sechs Wochen in Theresienstadt. Sie wurden gewaschen, sie bekamen Kleidung, sie wurden medizinisch versorgt. Alles, was wir nicht hatten, gaben wir ihnen, vor allem Kleider von Kindern, die man bereits in den Tod geschickt hatte. Die besten Krankenschwestern des Ghettos mußten sie betreuen. Eine von ihnen war meine Mutter. Das ist der Grund, warum ich anfing, Nachforschungen anzustellen. Die Verhandlungen gingen weiter. Es kam zu keinem positiven Ergebnis, weil der Mufti von Jerusalem, Haj Amin el Hussein, Hitler zu dieser Zeit in Berlin besuchte. Als er von diesem Austausch hörte, bat er Hitler, das Vorhaben nicht zu verwirklichen, weil diese Kinder eines Tages als Soldaten gegen seine Leute kämpfen würden. Hitler stimmte zu und schickte Befehle an Eichmann, die Verhandlungen zu beenden. Was sollten die Deutschen mit den Kindern machen? Eines Tages, an Jom Kippur, dem höchsten jüdischen Feiertag, wurden die Kinder in die Gaskammern von Auschwitz geschickt, zusammen mit den dreiundfünzig Ärzten und Krankenschwestern, die sie begleiteten. Unter ihnen war meine Mutter.

Jeder in Theresienstadt glaubte, man habe sie in die

Schweiz gebracht. In der letzten Nachricht, die wir erhielten, stand, sie hätten den Davidstern von ihrer Kleidung entfernen und eine Erklärung unterschreiben müssen, daß sie nicht erzählen würden, was sie im Ghetto gesehen hatten. Wir waren glücklich. Ich lebte in diesem Glauben bis zum Ende des Krieges. Ich glaubte, meine Mutter sei irgendwo sicher in der Schweiz, bis ich selbst nach Auschwitz deportiert wurde.

Der Holocaust wird von den verschiedensten Menschen unter unterschiedlichen Bedingungen unterschiedlich erlebt. Ich habe mit vielen Überlebenden gesprochen, besonders während des Seminarprogramms, das ich für Jad Vashem schrieb. Wenn man zum Beispiel mit seiner Mutter oder seiner Schwester oder Bekannten zusammen sein konnte, war es anders. Meine Freundin ging mit ihrer Mutter. Sie hatte jemanden, mit dem sie sprechen konnte. Man hatte jemanden, der einem psychologisch weiterhalf, ihre Leiden und das wenige Essen teilte. Man erfuhr eine Zuwendung, die ein Mensch braucht, um zu überleben. Ich war allein von Theresienstadt nach Auschwitz gekommen. All die Jahre in den Lagern habe ich anders erlebt als diejenigen, die nicht allein waren.

Das Sprechen über Auschwitz ist für mich mit einem tiefen Schmerz verbunden. Es fällt mir sehr schwer, darüber zu sprechen Ich habe etwas über Auschwitz in meinem Buch geschrieben. Was ich eigentlich sagen wollte, ist folgendes: Wir waren völlig unvorbereitet auf Auschwitz. Auschwitz war eine unmenschliche Erfahrung, und deshalb konnten wir nicht darauf vorbereitet sein. Wer immer sich dies ausdachte: Auschwitz ist wie eine Horrorvision. Es kann nur zwischen den Zeilen beschrieben werden. Man ging den ganzen Weg bis hinab in die Tiefe des Abgrunds. Es gab keine Grenzen. Man konnte zu Tode gequält, man konnte zu Tode erniedrigt werden. Ein Leben hatte keinen Wert. Was geschah mit den Leuten, die uns bewachten? Jedes menschliche Wesen ist bis zu einem gewissen Grad menschlich – legt man diese Menschlichkeit ab, wird man ein Roboter. Dies war ihre Arbeit, und sie führten sie sehr bewußt aus.

Viele der Leute, die uns bewachten, wurden nach einer gewissen Zeit zu »Untermenschen«. Wenn man das erste Mal jemanden tötet, ist es furchtbar, aber beim fünzigsten ist es die tägliche Arbeit. Einige waren bereits vorher Mörder gewesen, einige waren Sadisten, einige gewöhnten sich einfach daran, einige betranken sich, und einige konnten es nicht ertragen. Eine der interessantesten Feststellungen, die ich bei meinen Nachforschungen machte, war folgende: Wenn ein Deutscher sich weigerte, am Morden teilzunehmen, wurde er nicht bestraft. Man schickte ihn zurück. Die Deutschen verteidigten sich damit, sie hätten Befehle bekommen und nichts dagegen tun können. Das stimmt nicht. Sie konnten sich weigern und wurden nicht bestraft. Ich kenne einige Beispiele.

Kannst du mir etwas über die Befreiung aus dem Konzentrationslager erzählen?

1945 war ich in Deutschland. 1944 in Auschwitz, einem Konzentrationslager, das kaum jemand lebend wieder verließ – sehr, sehr wenige entkamen. Da erließ die deutsche Regierung den Befehl, die Gefangenen, die noch in der Lage waren zu arbeiten, zu selektieren und zur Zwangsarbeit nach Deutschland zu schicken, anstatt sie in den Gaskammern umzubringen. Wir waren die ersten, die jemals Auschwitz verlassen haben. Bis dahin war jeder, der nach Auschwitz gekommen war, umgebracht worden.

Fünfhundert junge Frauen zwischen fünfzehn und dreißig Jahren standen nackt vor drei SS-Männern, die die Selektion durchführten. Sie rasierten unsere Köpfe, sie tätowierten unsere Arme, sie untersuchten alle möglichen Stellen unseres Körpers. Sie gaben uns Kleidung aus Säkken, eine Art Uniform, Holzschuhe, und fünfhundert von uns durften Auschwitz verlassen. Wir kamen in Deutschland an, in Hamburg-Freihafen, dort arbeiteten wir ein Jahr wie Sklaven. Es war wirkliche Sklavenarbeit, wie damals in Ägypten unter den Pharaonen. Von fünfhundert Frauen lebten am Ende des Krieges noch hundertfünfzig.

Die Bedingungen waren sehr hart. Es fanden Bombardements statt, es herrschte Frost, es gab nichts zu essen, die Arbeit war gefährlich. Wir arbeiteten uns ein Jahr in Deutschland fast zu Tode. Sie schickten uns von Ort zu Ort, überall dorthin, wo man Hilfe brauchte. Die Firma, die Zwangsarbeiter einsetzte, hieß »Oilerde«. Ich glaube, sie zahlten an den deutschen Staat eine Mark pro Tag für jeden Sklaven, der in der Munitionsfabrik, in einer Ziegelei, bei der Eisenbahn, in der Rohrverlegung arbeitete, überall dort, wo man es sich nur vorstellen kann. Wir hungerten, viele kamen dabei um.

Im März 1945 ging der Krieg dem Ende zu. Die Alliierten drangen von allen Seiten ein. Man wußte nicht, was man mit uns machen sollte. Sie schickten uns von Ort zu Ort, auf Todesmärsche, tagelang, und sie brachten uns nach Bergen-Belsen. Warum nach Bergen-Belsen? Die Eisenbahnstation, in der wir arbeiteten, wurde bombardiert. Viele der Frauen wurden getötet. Von dort aus wanderten wir von Bergen nach Belsen, der Weg war gepflastert mit toten Körpern auf beiden Seiten der Straße. Die Wächter folgten uns mit ihren Gewehren. Wenn jemand ermüdete und strauchelte, wurde er erschossen. Wir kamen in Bergen-Belsen an. Wer jemals Bergen-Belsen durchlebt hat, durchlebt seinen eigenen Tod. Als wir befreit wurden, lagen zehntausend tote Körper im Lager herum, in allen möglichen Verdrehungen und Verzerrungen. Einige Tage bevor die Alliierten kamen, befahlen uns die Deutschen, diese toten Körper aufzuheben und das Lager zu säubern. Wir gehorchten. Wenn man einen

Toten hochhob, ging ein Bein ab. Man mußte die Toten zu den Gräbern bringen.

Wir hatten kein Wasser, und das wenige Wasser, das noch floß, war typhusverseucht. Die Leute starben wie die Fliegen.

Plötzlich öffneten sich die Tore des Lagers. Zwei Panzer fuhren herein. Mit einem Lautsprecher riefen sie in allen Sprachen: »Ihr seid frei, ihr seid frei, ihr seid frei.«

So endete der Krieg für uns.

Nach meiner Befreiung ging ich nach Kolin zurück, um nach meiner Familie zu suchen. Ich fand meine Schwester, die die ganze Zeit über in Theresienstadt geblieben war. Nur wir zwei waren von einer großen Familie mit etwa siebzig Personen übriggeblieben. Eines Tages erhielt ich von meinem Onkel aus England ein Telegramm. Er hatte meinen Namen auf der Liste von Bergen-Belsen gefunden, als er nach Familienmitgliedern suchte. Er fragte mich, was er für mich tun könnte. Ich sagte: »Hol mich hier raus.« Ich hatte festgestellt, daß ich mein Leben dort nicht fortsetzen konnte, wo ich alles verloren hatte. Ich hatte das Gefühl, es wäre das Beste, woanders ein neues Leben anzufangen. Vielleicht hatte ich eine Chance. Mein Onkel schaffte es, mir ein Visum zu besorgen. Ich war noch nicht achtzehn Jahre alt, und die Universität von Cambridge bürgte für mich. Ich war ein Kind ohne Familie, und innerhalb von wenigen Wochen erhielt ich mein Visum, obwohl England Juden nach dem Krieg nicht mehr einreisen ließ. Sie hatten vor dem Krieg zu viele Juden aufgenommen. Ich kam nach England. Eine gutaussehende, junge Frau, sorgfältig gekleidet. Ich verließ das Flugzeug. Mein Onkel wartete auf mich. Er hatte den Schock seines Lebens. Natürlich erinnerte er sich an mich als Kind. Er stellte sich vor, ein Kind anzutreffen, das durch die Zerstörung von vier Jahren Konzentrationslager gegangen war. Ich war zerstört, aber innerlich. Wenn unser Äußeres unserem Inneren entsprochen hätte, wären wir wie Leprakranke unter normalen Leuten gewesen. Man wußte damals noch wenig, und die Leute waren unvorbereitet und wußten nicht, wie sie mit der Situation umgehen sollten. Mein Onkel war ein guter Mann, er war Professor an der Unversität von Cambridge. Er wollte helfen, und ich war voller Qual. Ich wollte sprechen, ich wollte weinen. Ich wollte verstanden werden. Ich fing an, meinem Onkel die furchtbaren Dinge zu erzählen, die ich erlebt hatte. In seiner Weisheit – vielleicht wollte er mich nicht verletzen – sagte er: »Versuche zu vergessen. Fang ein neues Leben an.« Ich verschloß alles in mir und sprach nie mehr über die Vergangenheit. Aber ich blieb natürlich eine Fremde in seinem Haus.

Ich lebte tagaus, tagein, und ich lebte mein eigenes Leben. Es war sehr schwierig. Ich kannte die Sprache nicht, hatte keine Ausbildung, ich versuchte, in einem neuen Land Fuß zu fassen, ohne Familie, Freunde, Beruf oder Geld.

Ich blieb einige Jahre in England. Dann wurde mir klar, daß ich nie »englisch« sein würde. Ich konnte vielleicht »britisch« werden, aber niemals »englisch«. England bildete nach dem Krieg eine geschlossene Gesellschaft, und es war sehr schwierig, sich zu integrieren. Die Klassengesellschaft war sehr stark ausgeprägt, auch nach dem Zweiten Weltkrieg, was eigentlich unglaublich war. Ich sagte mir: Wer bin ich? Ich bin Jüdin. Das war mir immer gesagt worden. Aber weil ich nicht mit diesem Hintergrund erzogen worden war, mit einem jüdischen Hintergrund, einem religiösen Hintergrund, sondern sehr liberal, wußte ich nicht genau, was es bedeutet, eine Jüdin zu sein. Und ich machte mir klar: wenn ich nicht weiß, wer ich bin, werde ich nie in der Lage sein, mit mir auszukommen; wenn ich in England heirate und Kinder habe, und sie sind Engländer, werden sie Fremde für mich sein.

Wenn sie sind wie ich, werden sie Fremde in ihrem eigenen Haus sein.

Ich hatte bereits die Sprache gelernt, übte einen Beruf aus, verdiente meinen Lebensunterhalt und machte zum ersten Mal Schritte in eine gewisse Beständigkeit, als der Staat Israel, ein jüdischer Staat, 1948 gegründet wurde. Ich war sehr stark angezogen, wollte hingehen und diesen neuen Staat selbst sehen. Ich suchte eine Heimat, und 1950 kam ich zum ersten Mal hierher. Von der Minute an, als ich in dieses arme Land kam, in dem es keine Lebensmittel gab, dafür Unmengen Sand und Sonne, liebte ich es. Ich liebte es einfach.

Wie war dein erster Eindruck?

Ich kam mit dem Schiff »Kedma« im Januar aus dem kalten, traurigen, feuchten England in Israel an. Es war ein schöner, sonniger Tag. Alles, was ich wollte, war, in der Sonne zu liegen. Ich fühlte mich zu Hause. Plötzlich spürte ich: Ich habe eine Menge Freunde hier, Freunde, die aus den Lagern in die Kibbuzim und in die Stadt kamen. Wir sprachen die gleiche Sprache. Ich fühlte mich gut, fühlte mich zu Hause. In England hatte ich eine schöne Wohnung und einen sehr interessanten Beruf, ich entwarf Hüte. Aber ich fühlte mich immer als Fremde, die Leute riefen in mir dieses Gefühl hervor. Ich kam für sechs Wochen nach Israel, und ich glaube, ich blieb drei Monate. Ich verlor beinahe meine Arbeit in England, ich konnte mich nicht losreißen. Dann entschloß ich mich, zurückzugehen.

Ich wollte mehr Geld verdienen und wiederkommen. Und ich kam 1952 wieder, um zu sehen, wie ich hier leben konnte. Eine andere Sprache zu lernen, sich niederzulassen und seinen Lebensunterhalt zu verdienen, neue Freunde kennenzulernen ist nicht so einfach. Aber meine Entscheidung war gefallen. Ich fühlte mich zu Hause, ich war unter meinen Leuten. Ich ging zurück nach England, löste alles auf, kam zum dritten Mal nach Israel, schaute nie zurück, war nie unglücklich. Es war sehr schwierig in Israel in jenen Jahren. Aber das machte nichts. Ich hatte endlich das Gefühl, eine Heimat gefunden zu haben.

Du hast deinen Mann in Israel kennengelernt.

Ich habe meinen Mann hier kennengelernt. Er war Amerikaner. Er kam als Freiwilliger, um die Überlebenden des Holocaust nach Israel zu bringen. Die Engländer ließen die Juden nicht in Palästina einreisen – die wenigen hunderttausend Juden, die nach der Ermordung von sechs Millionen Juden übriggeblieben waren, die in den DP-Lagern in Europa lebten und nicht wußten, wohin sie gehen sollten. Die meisten Länder Europas, in die sie kamen, wußten nichts mit ihnen anzufangen und hießen sie nicht willkommen. Ich habe gerade einen Artikel über das Kielce-Pogrom in Polen in 1946 gelesen. Die Überlebenden kamen in ihre Heimatstadt zurück, und die Polen töteten sechsundvierzig Juden. Sie wollten nicht, daß die Juden zurückkamen, nachdem sie in den Lagern überlebt hatten.

Bis heute hat niemand darüber gesprochen. Jetzt entschuldigen sich die Polen für das, was in jener Zeit geschah. Aber die Atmosphäre in Europa und in fast allen osteuropäischen Ländern war ausgesprochen antisemitisch. Die Leute blieben in DP-Lagern hängen. Nach vier Jahren in den Konzentrationslagern verbrachten sie zwei oder drei Jahre dort. Sie wußten nicht, wohin sie gehen sollten. Sie konnten noch nicht einmal ein neues Leben beginnen, was jeder wollte, denn es hatten fast ausschließlich junge Leute überlebt. Die alten Menschen waren umgekommen. Die jungen Leute wollten vorwärtskommen, sie wollten heiraten, Kinder haben, lernen, studieren, arbeiten, und sie wurden durch die britische Blockade daran gehindert, nach Palästina zu gelangen. Sie wußten nicht, wohin sie gehen sollten.

Es gibt eine sehr interessante Geschichte über das, was mein Mann machte. Er schrieb auch ein Buch darüber, es heißt: »Die geheime Flotte der Juden«. Nach dem Ende des Zweiten Weltkriegs standen von den fünf Millionen Juden in Amerika zweihundertsiebzig junge Juden auf, die in verschiedenen Armeeinheiten dienten. Sie erklärten, sie wollten etwas für die Juden in Europa tun. Die meisten jungen Männer kamen aus dem Krieg zurück, gingen in Papas Geschäft oder zur Universität oder sie heirateten. Nur zweihundertsiebzig junge Juden kamen als Freiwillige, um den Überlebenden in Europa zu helfen. Sie fuhren nach Europa und kauften Schiffe auf, die die Engländer als illegal bezeichneten. Dort wurde der Begriff »illegale Einwanderung« geprägt. In Wahrheit war nichts Illegales damit verbunden. Durch die Politik der Engländer wurde die Einwanderung illegal, weil sie die Juden nicht einwandern lassen wollten. So kam mein Mann nach Israel. Er brachte die Schiffe, mit denen die Emigranten einreisen wollten. Die Engländer fingen sie ab und brachten die Flüchtlinge zurück in das Gefängnis auf Zypern. Du weißt, daß das eine lange traurige Geschichte ist.

1996 wurden mein Mann und ich gebeten, sechshundert Studenten aus den Vereinigten Staaten auf einer Reise von Europa nach Israel auf einem Schiff zu begleiten. Diese Reise war eine Wiederholung der Reise auf dem berühmten Schiff »Exodus«, das 1947 mit den Überlebenden aus den Konzentrationslagern nach Israel segelte.

Erzähle mir etwas über dein Leben in Israel.

Ich brauchte Jahre, bis ich mich selbst verstand. Fünfzig Jahre lang studierte ich. Ich studierte Judaistik, ich studierte Hebräisch, ich studierte Tanach (Bibel), um meine Herkunft zu verstehen, meinen Hintergrund, meinen Glauben. Ich traf meinen Mann, wir gründeten eine Familie. Seine Familie lebte in den Vereinigten Staaten, aber er blieb hier, und wir haben drei Kinder. Wir arbeiteten hart, und wir leben gern hier.

Schließlich studierte ich die Geschichte des Holocaust. Ich kam zu dem Entschluß, daß es meine Pflicht ist, darüber zu reden, zu lehren, zu erzählen, damit sich so eine Tragödie niemals wiederhole. Und ich schrieb ein Programm. Ich begriff, daß die Überlebenden selbst am besten über den Holocaust reden können. Sie waren für diese Aufgabe aber nicht unbedingt vorbereitet. Sie konnten nicht vortragen, professionell vortragen, sie waren keine Professoren, sie hatten keine entsprechende Ausbildung. Also setzte ich mich hin und arbeitete ein Programm aus. »Wie lehrt man die Überlebenden, in der Öffentlichkeit zu sprechen, um ihre Erfahrungen anderen Leuten darzustellen, damit sie die Ereignisse besser nachvollziehen können?« Ich schrieb dieses Programm als Vortrag, und es wurde bei der Holocaust-Konferenz in Philadelphia in 1978 akzeptiert. Dann stellte ich es in Jad Vashem vor und versuchte zu erreichen, daß es dort angenommen wurde. Es dauerte einige Zeit. Zum Schluß akzeptierten sie das Programm. Das erste Seminar war ein großer Erfolg. Einige der Überlebenden öffneten sich zum ersten Mal und sprachen über das Unaussprechliche. In der Gemeinschaft der anderen Überlebenden fanden sie einen gewissen Trost, eine Identifikation wie in einer Familie, die sie nicht hatten. Sie fühlten sich sehr wohl. Seitdem fanden hier in Jad Vashem ungefähr zwanzig Seminare für Überlebende statt. Aus diesen Seminaren haben wir heute zweihundert Überlebende, die wir durch das Land schicken, damit sie in Schulen, Armeeinheiten und anderen Einrichtungen über ihre Erfahrungen sprechen. Darüber sprechen zu können hat einen erzieherischen Wert für den Zuhörer und ist gleichzeitig eine Therapie für den Überlebenden.

Ich spreche an der Tel Aviv-Universität und der Hebräischen Universität zu Gruppen, um die Leute zu lehren, was der Holocaust bedeutet und wie achtsam wir sein müssen, daß so etwas nie wieder geschieht.

Zur gleichen Zeit bauten wir das Land aus dem Nichts auf. Wir waren ein Teil des Landes. Es war eine große Befriedigung für uns, zu sehen, an wie vielen Projekten wir beteiligt waren. Als wir dieses Haus bauten, gab es die Tel Aviv-Universität noch nicht, die heute bei uns in der Nähe ist. Rings um uns war Sand bis hinunter zum Meer. Die Häuser, die du da vorne siehst, die Elektrizität gab es nicht. Wenn es regnete, mußte man den halben Weg nach Haifa fahren, um hierher zu gelangen, denn alles war wie ein großer See. So haben wir einen gewissen Stolz entwickelt. Ich denke, das waren die aufregendsten Jahre. Natürlich gab es Kriege und Sorgen, und mein Mann mußte kämpfen, und dann gingen meine Kinder in den Krieg. Aber dies war Teil unseres Lebens. Deswegen bin ich mit diesem Land so eng verbunden und sorge mich um seine Zukunft.

Was denkst du über das Gedenkjahr 1995?

Die meisten Überlebenden sind heute alte Leute. Diejenigen, die überlebt haben und zurückblicken, wundern sich heute, woher sie damals die Kraft nahmen. Sie machten danach noch sehr schwierige Zeiten durch. Sie haben die letzten fünzig Jahre überlebt, sie verließen in der Zwischenzeit ihr Geburtsland, gingen ins Exil, mußten eine neue Sprache lernen, eine neue Lebensweise, mußten ihren Lebensunterhalt verdienen, ohne daß sie dafür eine Grundlage hatten, wie jeder normale Mensch sie hat, indem er zur Schule geht, Freunde hat, eine Familie, eine Unterstützung. Sie konnten sich an nichts festhalten, nur an sich selbst. Ich bewundere manche Überlebende sehr, die trotz ihres Schicksals noch erfolgreich wurden auf wirtschaftlichem oder sogar auf intellektuellem Gebiet. Sie haben ihren Kindern ihr Bestes mitgegeben, damit sie ein besseres Leben haben. Diejenigen, die in die Vereinigten Staaten und nach Israel auswanderten, haben eine Heimat gefunden. Ob die anderen Länder in dem Umfang eine Heimat angeboten hätten, weiß ich nicht. Amerika war das Land der Gelegenheiten, und Israel war das Herz. Diejenigen, die in Israel blieben, wurden Teil des Landes, ihm sehr verbunden. Ihre Kinder emigrieren nicht. Es besteht eine große Hingabe dieser Menschen an ihr Land.

Ich glaube, daß der Staat Israel mit den Juden leben und überleben muß. Wir können nirgendwo anders hingehen.

Was denkst du über Exil in der jüdischen Geschichte?
Exil bedeutet für mich Verbannung vom Gelobten Land. Seit wir in das Gelobte Land zurückgekehrt sind, gibt es kein Exil mehr. Von dem Augenblick an, seit ich dieses Land betrat, fühlte ich mich zu Hause. Wir haben unsere Kinder so erzogen, daß sie wissen, dies ist unsere Heimat. Ich hoffe, unsere Enkelkinder denken dasselbe.

Obwohl du die Kindheit in einem anderen Land verbracht hast und eine andere Sprache deine Muttersprache war.
Es gibt einige schöne Erinnerungen. Vielleicht sollte ich froh darüber sein, daß die Erinnerungen an meine Kindheit so schön sind, daß ich mich daran erinnern will. Dies gibt mir viel Kraft und erhält die Erinnerung an das, was wichtig und was falsch war. Ich erinnere mich an einen gewissen geistigen Hintergrund und eine gewisse kultivierte Lebensweise, an Sicherheit, Liebe.

Wenn ich zum Ende meines Lebens kommen und dann zurückblicken werde, so werde ich – trotz des Holocaust, den ich durchleben mußte – ein sehr reiches Leben gehabt haben. Es lehrte mich viele Dinge, die ich sonst nie gefühlt hätte: die Tiefe der Verzweiflung, den Höhepunkt der Freude, den furchtbaren Hunger. Heute noch empfinde ich es jedes Mal als etwas Besonderes, heiß zu duschen. An jedem Tag, an dem ich eine Scheibe Brot esse, fühle ich mich so reich. Es hat für mich eine andere Bedeutung, als für andere Leute. Sie wissen es wahrscheinlich gar nicht in der gleichen Weise zu schätzen, was es heißt, ein Haus zu haben und Kinder zu haben, die nach Hause kommen; in der Lage zu sein, ihnen ein Heim zu geben, sie zu beschützen; ein eigenes Land zu haben, frei zu sein, in der Lage zu sein, denjenigen zu wählen, dem ich vertraue, um den Frieden zu erreichen, den wir anstreben.

Das Gespräch mit Hana Greenfield wurde am 11. Februar 1996 und am 7. Oktober 1996 in Tel Aviv geführt und von der Herausgeberin aus dem Englischen übersetzt.

Hana Greenfield
geborene Lustig, wurde im November 1926 in Kolin/Tschechoslowakei geboren. Sie besuchte das Realgymnasium in Kolin bis 1939. Deportation nach Theresienstadt 1942, 1944 nach Auschwitz, von dort nach Hamburg in Zwangsarbeiterlager, schließlich in das Todeslager von Bergen-Belsen. Am 15. April 1945 Befreiung in Bergen-Belsen durch britisches Militär.

Nach einem mehrjährigen Aufenthalt bei Verwandten in England wanderte sie 1953 nach Israel aus, wo sie 1954 Murray Greenfield in Tel Aviv heiratete. Sie hat drei Kinder und acht Enkelkinder, die alle in Israel leben. Hana Greenfield und ihrem Mann gehört der Gefen-Verlag in Jerusalem.

Fünzig Jahre lang studierte Hana Greenfield Judaistik, Hebräisch, Tanach und die Geschichte des Holocaust. Sie stellte bei Holocaust-Konferenzen in verschiedenen Ländern Unterlagen und Abhandlungen vor und gründete in Jad Vashem den Kurs »Das Schweigen brechen«, bei dem Überlebende lernten, wie man in der Öffentlichkeit spricht. Sie leitete die ersten Kurse.

Hana Greenfield ist in der Tschechischen Republik auf dem erzieherischen Sektor sehr aktiv. Sie gehört dem Vorstand des Museums »Ghetto Theresienstadt« an und hat das Buch »Bruchstücke aus meinen Erinnerungen« veröffentlicht, das in Englisch, Deutsch, Hebräisch und Tschechisch erschienen ist. Ihr letztes Projekt war ein Kalender, den sie zusammen mit der Erziehungsabteilung von Pamatnaik Terezin aus Zeichnungen von Theresienstädter Kindern für 1997 zusammengestellt hat.

Veröffentlichung in deutscher Sprache: Von Kolin nach Jerusalem. Bruchstücke aus meinen Erinnerungen. Gefen 1993.

Jakob Hessing

Was möchten Sie über den Weg erzählen, der Sie von Berlin nach Jerusalem geführt hat?

Ich bin im Jahre 1964 in Israel eingewandert. Der erste Blick, der über mehr als dreißig Jahre zurückschaut, wird das vielleicht für selbstverständlich halten. Ich bin Jude, der Zufall hat mich im Berlin der Nachkriegszeit aufwachsen lassen, und es scheint nur natürlich zu sein, daß ich Israel nach dem Abitur als meine Heimat gewählt habe. In Wirklichkeit aber ist nichts so einfach, wie es aussieht, und ich will versuchen, einige Punkte aus meiner Erinnerung hervorzuholen, die Licht auf einen komplizierten Prozeß werfen.

Ich bin Jahrgang 1944, das heißt, ich hatte in Berlin keine jüdischen Altersgenossen und habe daher auch keine jüdische Sozialisierung erfahren. Im Gegenteil: das jüdische Gemeindezentrum lag in der Joachimsthaler Straße – eine Synagoge gibt es dort immer noch, daneben steht heute Rachel Salamanders Literaturhandlung –, und meine Assoziationen mit diesem Ort sind zweideutig. Der Synagoge gegenüber lag die Augsburger Straße, die damals als das Hurenviertel am Bahnhof Zoo galt. In der Augsburger Straße hatte ein Herrenfriseur seinen Laden, er hieß Adam, Juden ließen bei ihm die Haare schneiden, ich auch.

Wie kommt es, daß meine frühesten Erinnerungen an ein jüdisches Zentrum mit dem Rotlichtbezirk der Stadt verbunden sind, in der ich aufgewachsen bin? Ist es vielleicht der zurückprojizierte Selbsthaß eines Juden, der in der Nachkriegszeit in der ehemaligen Hauptstadt des Dritten Reiches seine Kindheit verbringen mußte?

Sind Sie in Berlin geboren?

Eben nicht. Ich kam in Oberschlesien zur Welt, im heutigen Polen, unter deutscher Besatzung. Nachdem das Ghetto der polnischen Stadt Bortschow aufgelöst und meine Großmutter abtransportiert worden war, versteckten sich meine Eltern unter der Erde bei einem Bauern in der Nähe des oberschlesischen Lyssowce und konnten so überleben.

Gleich nach dem Krieg sind meine Eltern vor den Russen in den Westen geflohen. Wie sich das abgespielt hat, kann ich nur aus der Familienüberlieferung berichten. Man hat mir erzählt, daß der Fahrer in der Lastwagenkolonne, die meine Eltern und mich über die Grenze geschmuggelt hat, Arthur Brauner gewesen sei, ein polnischer Jude, der damals kein Wort Deutsch konnte. Interessant ist es deshalb, weil er später zum reichsten Juden im Nachkriegsdeutschland wurde – er gründete die CCC-Filmgesellschaft und entdeckte Romy Schneider, die bei ihm als Sissy ihr Debut machte. Woran ich mich auch erinnere und im Rückblick darüber wundere: Er trug den Spitznamen Atze Brauner, was im Berliner Jargon soviel bedeutet wie »Bruder Brauner« – in den fünfziger Jahren, kurze Zeit nach den Gaskammern, haben Ostjuden und Deutsche sich miteinander verbrüdert.

Wie Arthur Brauner sind auch meine Eltern in Berlin hängengeblieben. Aber es war, wie es in der deutschen Bürokratie heißt, nur ihr Wohnsitz. Als ich in die erste Klasse kommen sollte, gingen sie, wie das bei ihnen üblich war, auf Geschäftsreisen ...

Was war der Beruf Ihrer Eltern?

Zum damaligen Zeitpunkt waren sie im Import- und Exporthandel tätig; später, als ich ins Gymnasium ging, führten sie in Westdeutschland ein Hotel. Als sie in den siebziger Jahren in den Ruhestand traten, kamen auch sie mit meiner sechs Jahre jüngeren Schwester nach Israel.

Zu Beginn der fünfziger Jahre jedenfalls nahmen sie

mich nach Jugoslawien und Italien mit, wo ich nicht in die Schule gehen konnte, und blieben schließlich in Kärnten mit mir, wo ich in die zweite Klasse kam. Das war in Pörtschach am Wörthersee, wir hatten dort einen mehrere hundert Meter langen Privatstrand, es waren die Paradiesjahre meiner Kindheit.

Und ich erinnere mich noch: Als wir wieder nach Berlin zurückfuhren, war es der Sommer 1954. Im Autoradio wurde das Fußballspiel übertragen, in dem Deutschland Ungarn schlug und Weltmeister wurde. Bis heute weiß ich das Ergebnis: 3 : 2, bis heute weiß ich, wer die Tore schoß, lange Jahre war Helmut Rahn mein Held, weil er in der 84. Minute den Siegestreffer erzielte. Das änderte sich erst, als er später, schon am Ende seiner Karriere, für den 1. FC Köln im Berliner Olympiastadion ein Tor gegen meine Mannschaft schoß, die Neuköllner Tasmania, und ihre Meisterschaftschancen vereitelte. Das Gedächtnis holt merkwürdige patriotische und lokalpatriotische Gefühle eines jüdischen Jungen in Berlin hervor, an die ich mich heute nur ungern erinnere.

Genauer gesagt, in West-Berlin: eine Bezeichnung, deren politischen Sinn eine zukünftige Generation vielleicht gar nicht mehr wissen wird; wie sie vielleicht schon heute nicht mehr weiß, daß es dort einmal eine Radiostation namens RIAS gab und einen Amerikanischen Sektor; nicht weiß, daß das wöchentliche Satireprogramm dieses Senders »Die Insulaner« hieß, und warum das so war.

Als wir wieder in Berlin waren, ging ich zunächst in die Volksschule, die in der Joachimsthaler Straße lag. Einige Jahre später, als ich ins Gymnasium kam, waren meine Eltern wieder auf ihren Geschäftsreisen. Um mich nicht dauernd aus der Schule nehmen zu müssen, quartierten sie mich an verschiedenen Berliner Adressen ein, und während meiner Gymnasialzeit zog ich siebenmal um.

Mein Gymnasium war die Erich-Hoepner-Schule im Westend. Sie liegt in der Nähe eines öffentlichen Parks, der heute Theodor-Heuss-Platz heißt. Wir Kinder aber nannten ihn Reissi, weil er bis tief in meine Nachkriegsschulzeit hinein, bis in die späten fünfziger Jahre, Reichskanzlerplatz hieß. Dort stieg ich täglich aus der Straßenbahn, um zur Schule zu gehen, am Reichskanzlerplatz, von dem die Heerstraße nach Spandau, die Straße des 17. Juni zur Siegessäule führt – Berliner Geschichte. Doch wenigstens das: Erich Hoepner war im Dritten Reich ein Widerstandskämpfer gewesen.

Waren Sie sich der historischen Assoziationen, auf die Sie hier anspielen, schon während Ihrer Schulzeit bewußt?

Durchaus nicht. Ich glaube auch nicht, daß ich in Berlin hätte bleiben können, wenn mir das damals so bewußt gewesen wäre, wie es mir heute ist. 1961, wenige Jahre vor meinem Abitur, wurde die Mauer gebaut, die Leute begannen, Berlin zu verlassen, und auch ich bereitete mich auf einen Abschied vor.

Nach Israel?

Wieso? Ich hatte keine jüdischen Altersgenossen, erst als ich schon in der Abiturklasse war, kam der zweite Jude in meine Schule – übrigens der Sohn des Ostberliner Opernregisseurs Felsenstein. Im Judentum hatte ich weder eine religiöse noch eine politische, zionistische Bezugsgruppe. Instinktiv, das weiß ich noch, wollte ich nicht in Deutschland bleiben, aber mein Ziel war eigentlich Amerika.

Auch hier holt das Gedächtnis ein Stück Peinlichkeit hervor. 1963 kam Präsident Kennedy nach Berlin, die »Berliner Morgenpost« veranstaltete einen Aufsatzwettbewerb für die Oberschüler, der erste Preis war eine Reise nach Amerika und ein Empfang beim Präsidenten. Den gewann ich, ich war einer der letzten Gäste, die Präsident

Kennedy am 20. November 1963 im Weißen Haus besuchten, zwei Tage, bevor er in Dallas erschossen wurde.

Dreißig Jahre später, 1993, drehte das ZDF einen Dokumentarfilm über die Ermordung. Man interviewte auch mich und schickte mir zu diesem Zweck meinen längst vergessenen Aufsatz zu. Als ich ihn in Jerusalem, wo ich seit vielen Jahren lebe, wieder las, erschrak ich: Kennedy hatte den Satz geprägt: »Ich bin ein Berliner«, und über diese Parole hatte ich damals meinen Aufsatz geschrieben, betrauerte das Schicksal meiner geteilten Stadt, plädierte für die Wiedervereinigung Deutschlands. Ich schämte mich beim Wiederlesen dieses Aufsatzes sehr, kann mir es heute nur so erklären, daß die »Berliner Morgenpost« zum Springer-Konzern gehörte und daß ich den Aufsatzwettbewerb gewinnen wollte. Aber das macht die Sache nicht besser.

Wie reagierten Sie dann 1990 auf die Wiedervereinigung? Sicherlich waren Sie seitdem wieder einmal in Berlin? Was empfanden Sie?

Einmal, im Jahr 1994, war ich eine Woche lang mit meiner Frau Batschewa in Berlin. Wenn Sie so wollen, war das auch im historischen Vergleich interessant; zum Beispiel die Tatsache, daß das preußische Berlin eigentlich im Osten gelegen hatte und mir daher gar nicht bekannt gewesen war. Aber Batschewa ist Israelin, ihre Familie stammt aus Persien, mit Deutschland verbinden sie keine Erinnerungen. Was ich ihr zeigte, waren die Orte meiner Kindheit, und das war manchmal auch traurig.

Und als Kind haben Sie sich gar nicht als Jude empfunden?

Kaum. Ich kann das heute natürlich nur noch aus den Fetzen meiner Erinnerung rekonstruieren, aber soweit ich es auf eine kohärente Linie bringen kann, ist es dies: Früher – im neunzehnten Jahrhundert bis zu Hitler – versuchten die aus dem Osten nach Deutschland gekommenen Juden sich der neuen Umgebung anzupassen, sich zu assimilieren, und sie verdrängten dabei ihr Judentum in dem einen oder anderen Maße. Bei den polnischen Juden, die wie meine Eltern und wie Arthur Brauner nach dem Kriege in Deutschland gestrandet sind, ist das viel komplizierter. Wer damals sein Judentum verdrängte, tat es nicht, um sich zu assimilieren (es gab nichts, woran man sich assimilieren konnte, keine höhere Kultur, die es nachzuahmen galt), sondern er tat es, weil er sich seines Judentums schämte, nicht vor den Deutschen, man schämte sich nicht vor den Deutschen, das waren nur Verbrecher; sondern vor sich selbst: Man schämte sich, Jude zu sein, und trotzdem in Deutschland zu leben.

Wie Sie es darstellen, muß Ihr Judentum im Nachkriegsdeutschland ein sehr schwieriges, eigentlich unlösbares Identitätsproblem gewesen sein. Ist Ihre Auswanderung nach Israel eine Antwort auf dieses Problem gewesen?

So kann man es vielleicht bezeichnen, aber auch wieder nur im Rückblick. Als ich 1964 losfuhr, hatte ich keineswegs die Absicht, in Israel zu bleiben. Ich wollte, wie gesagt, nur aus Deutschland weg, eigentlich nach Amerika, Israel war nur als Abstecher gedacht. Ich wollte nur mal schauen, was das ist, ein jüdischer Staat.

Dann bin ich aber geblieben, und es sind, glaube ich, zwei Dinge, die dazu geführt haben. Während der ersten Jahre hier in Israel lebte ich in einem Kibbuz, Givat Chajim, auf halbem Weg zwischen Natanja und Chedera. Das war etwas sehr Überraschendes für mich. Nach Givat Chajim war ich gekommen, weil Herbert Rokotnitz – ein Jude aus Berlin, der in Tel Aviv für die Kibbuzbewegung arbeitete – dort seine alte Mutter hatte, die kein Wort Hebräisch konnte und sich freute, mit jemandem deutsch zu sprechen. Im Laufe der Jahre habe ich dort einen Menschenschlag kennengelernt, der für mich auf dem Hintergrund meiner lange nur unbewußten Berliner Bedrückung befreiend gewesen sein muß: Leute, die auf den Feldern arbeiteten und völlig anders aussahen als die Juden, die man in Berlin gekannt hatte: Atheisten, deren Zentrum keine Synagoge am Bahnhof Zoo war – im Kibbuz gab es keine Synagoge –, sondern die Kommune, die sie selbst aufgebaut hatten; ein Füreinander-Einstehen, das seinen Kern in sich selbst trug. Im Kibbuz begegnete mir das kollektive Selbstbewußtsein einer Pioniergesellschaft – krasser Gegenpol der jüdischen Selbstverleugnung, die meine Kindheit in Berlin bestimmt hatte.

Es war aber noch mehr als das. Ich arbeitete im Weinberg, und im Sommer müssen dort die Reben von überflüssigen Blättern befreit werden. Die Trauben sollen wachsen können, zugleich aber müssen sie vor der Sonne geschützt bleiben, man greift also mit den Händen hinein und schafft die nötigen Freiräume. Dabei arbeitet man mit einem Partner, der einem auf der anderen Seite der Weinstöcke gegenübersteht, und das gibt Gelegenheit zu langen Gesprächen.

Ich erinnere mich heute nicht an Worte, die ich selbst gesprochen habe, nur an die Gespräche zweier Männer im Weinberg. Der eine war Israel Geller, einer der Gründer des Kibbuz, der seit den dreißiger Jahren bestand; der andere war Jizchak Ben Aharon, der lange Knessetmitglied und Transportminister in der israelischen Regierung gewesen war. Ihnen habe ich oft zugehört.

Können Sie sich noch an die Einzelheiten ihrer Gespräche erinnern?

Wenn Sie mich so fragen – nein. An was ich mich hier zu erinnern glaube, kann auch gar nicht meine erste Zeit in Israel betreffen, weil ich damals noch kein Hebräisch verstand. Während ich versuche, einen Weg zu beschreiben, fällt es mir auf: Die Punkte, an denen sich die Erinnerung entlangrankt, sind im Gedächtnis bereits vorkonstruiert.

Die Gespräche zwischen dem Minister und dem Kibbuzgründer, wollte ich wohl sagen, machten einen so tiefen Eindruck auf mich, daß sie mich schließlich bewogen haben, in Israel zu bleiben. Ich bin aber vermutlich aus anderen Gründen geblieben, und das Ministergespräch schiebt sich in meiner Erinnerung nur vor, um einen »Grund« zu bilden, über den mein Lebensweg gegangen sein soll. Wenn Sie mich nach den Einzelheiten dieser Gespräche fragen, entlarven Sie die Illusion. Ich weiß keine Einzelheiten.

Ganz deutlich wird mir der Illusionscharakter meiner Erinnerung an dem zweiten Punkt, mit dem ich meine Einwanderung nach Israel zu erklären pflege. Das war im Frühsommer 1967. Ich bin unter Hitler geboren und körperbehindert, bin vom Militärdienst befreit. Im November 1966 hatte ich mein Studium an der Hebräischen Universität in Jerusalem aufgenommen, und in der langen Wartezeit der internationalen Krise vor dem Sechstagekrieg kehrte ich wieder nach Givat Chajim zurück, um in der Landwirtschaft zu helfen, während ein großer Teil der Männer eingezogen war.

Während der ersten beiden Kriegstage, am 4. und 5. Juni, wußte niemand, wie die Sache stand. Und ich weiß noch: Am frühen Morgen des 6. Juni fuhren wir auf die Felder hinaus. Um sechs Uhr kamen die Nachrichten, in denen der Armeesprecher bekannt gab, die arabischen Luftwaffen wurden schon in den ersten Stunden des Krieges am Boden zerstört. Wir hörten diese Nachricht auf der Ladefläche des Lastwagens, und in mir klingt bis heute der befreite Aufschrei der Menschen auf den Holzbänken neben mir nach. Es war der Jubel darüber, am Leben geblieben zu sein, und in der Erinnerung an diesen Jubel ist zugleich die Erinnerung an die Angst verschlüsselt, die ihm vorangegangen sein muß: Als die Meerengen von Tiran geschlossen wurden und sich die Schlinge um

Israel zusammenzuziehen drohte, lebte die Angst vor der Vernichtung wieder auf, die wenig mehr als zwanzig Jahre zurücklag. Auch für mich kann sich diese Angst erst an diesem 6. Juni gelöst haben.

Hier – jedenfalls in der Erinnerung – ist mein Entschluß begründet, in Israel zu bleiben. Das Füreinander-Einstehen, das mir zum erstenmal im Kibbuz und dann im Zusammenschluß einer ganzen Nation begegnet war, hatte mir das Leben gerettet, und das war der Ort, an dem ich auch mein Leben führen wollte.

So konstruiert das Gedächtnis mein neues Selbstverständnis als Israeli. Und indem ich das sage, gebe ich schon die Zweideutigkeit meiner Erinnerung zu. Was sich einerseits als der positive Wendepunkt meines Lebens darbietet – der Sechstagekrieg – erweist sich andererseits von meinem *heutigen* Standpunkt aus als negativer Wendepunkt: In der kollektiven Identität, die uns diesen Krieg hat gewinnen lassen, waren zugleich die Keime angelegt, die diese Identität jetzt zu zerstören drohen: mit dem Juni-Krieg des Jahres 1967 hat sich Israel auf eine Weise verändert, die es von meinen frühen Erfahrungen in diesem Land unüberbrückbar entfernt.

Vielleicht ist das die Gelegenheit, den Sprung aus Ihrer Vergangenheit in Ihre Gegenwart in Israel zu machen. Sie haben erwähnt, daß Sie in den sechziger Jahren Ihr Studium in Jerusalem begannen. Inzwischen haben Sie in deutscher Sprache Bücher über Else Lasker-Schüler und Sigmund Freud geschrieben, als Literaturkritiker sind Sie unter anderem für die Frankfurter Allgemeine Zeitung tätig; an der Hebräischen Universität sind Sie Professor für Deutsche Literatur. Obwohl Sie seit dreißig Jahren in Israel leben, scheinen Sie ständig mit Dingen beschäftigt zu sein, denen das Deutsche gemeinsam ist. Haben Sie die Identitätsproblematik, an der Sie in Berlin litten, mit nach Israel genommen?

Durchaus. Nur: Die Perspektiven haben sich verkehrt. Ein Jude, der in Deutschland aufgewachsen ist – vor oder nach dem Krieg –, wird dem Dilemma der Doppelidentität nicht entgehen können. Indem ich aber in Israel geblieben und ganz bewußt zum Israeli geworden bin, habe ich eine Entscheidung getroffen, die meiner Suche vielleicht kein Ziel, aber eine Richtung gibt.

Ich will versuchen, es so zu erklären: Als meine Eltern mich nach dem Krieg von Polen nach Deutschland brachten, überließen sie mich einer ausweglosen Situation. Es war ja nicht nur so, daß sie sich nicht mehr mit einer deutschen Kultur identifizieren konnten, wie es Ostjuden in früheren Generationen getan hatten, es war doch auch so, daß sie durch die Schoa – die Vernichtung der Welt, aus der sie kamen –, alles verloren hatten, was sie einmal gewesen waren. Sie ließen mich also in ein Leben hineinwachsen, in dem mir gar nichts anderes übrigblieb, als mich in einem tiefen Sinne des Wortes unmöglich zu machen: unmöglich, ein »Deutscher« zu werden, unmöglich, ein »Jude« zu bleiben.

In Israel habe ich deshalb, so glaube ich, noch einmal von vorne anfangen müssen. Nur kann man das schlecht, wenn man schon zwanzig Jahre alt ist. Was ich mitgebracht hatte – meine Muttersprache, meine Schulbildung, meine zwanzigjährige Erfahrung –, ließ sich nicht mehr auslöschen, und bei meinem unvermeidlichen Neubeginn mußte ich sehen, was ich damit anfangen konnte.

Das hat ganz konkrete Aspekte. Ich habe während meiner langen Jahre in Israel nicht nur studiert und Bücher geschrieben, sondern in erster Linie gelebt: 1969 habe ich geheiratet, meine Frau und ich haben fünf Kinder, das ging ohne einen ganz praktisch ausgerichteten Arbeitsaufwand nicht ab. Meine publizistische Tätigkeit hatte zuerst diesen Sinn: sie sollte meine Familie ernähren.

Das war ihr erster, aber eben nicht ihr letzter Sinn. Das

Schreiben, da bin ich ganz sicher, erwächst aus einer pathologischen Situation; und die – nach allem, was ich erzählt habe – war bei mir vorgegeben. Ein Jude, der 1964 von Deutschland nach Israel auswandert, der deutsche Texte schreibt und sie zu seinem Lebensunterhalt in Deutschland veröffentlicht, muß früher oder später, wenn er sich nicht selbst verleugnen will, auf seine Pathologie zurückkommen.

Das erste Buch, in dem ich das zu tun versuchte, war meine Biographie Else Lasker-Schülers. Die Lebensdaten dieser Dichterin, 1869-1945, decken sich mit der Geschichte des Deutschen Reiches, das Bismarck gründete und Hitler vernichtete und in dem auch die Juden ihren Platz zu finden versuchten: Am Leben dieser in Jerusalem gestorbenen Dichterin konnte ich sozusagen meine eigene Vorgeschichte studieren.

Daß es sich hierbei um pathologische Erscheinungen handelt, ist mir schnell bewußt geworden. Um mir eine größere Klarheit über diese Pathologie zu verschaffen, habe ich dann mein Buch über Sigmund Freud geschrieben und gehe dort dem Thema der traumatisierten Erinnerung nach. Auch in meiner akademischen Tätigkeit als Germanist bin ich ähnlichen Dingen auf der Spur: Ich lese Literatur als Ausdruck einer existentiellen Not, die früher einmal in heiligen Texten aufgehoben war und jetzt, in unserer säkularisierten Zeit, in den individuellen Texten der Dichter und Schriftsteller ihren Ausdruck findet.

Für mich ist es dabei nur natürlich, diese Pathologie in der deutsch-jüdischen Literatur zu verfolgen. Indem ich sie in den Jerusalemer Lehrplan der Hebräischen Universität einbringe, versuche ich, eine Verdrängung aufzuheben. In Berlin wäre mir das kaum gelungen, weder als »Deutscher« noch als »Jude«.

Manches ist mir unklarer geworden während meiner

Jahre in Israel, manches aber auch klarer. Der Staat Israel, der ohne die deutsche Judenvernichtung wohl nicht entstanden wäre, hat aus offensichtlichen Gründen die deutschen Elemente im Zionismus verdrängen müssen. Aber heute, fünzig Jahre und länger nach den Ereignissen, muß Israel auch mit den neuralgischen Punkten seiner Vergangenheit fertig werden, und hier, glaube ich, läßt sich meinem Schreiben ein Sinn abgewinnen: Indem ich aufgehört habe, »Deutscher« und/oder »Jude« sein zu wollen und statt dessen Israeli geworden bin, kann ich der Pathologie meiner deutsch-jüdischen Doppelidentität vielleicht keine Lösung finden, aber ich kann sie an anderem Ort und zu anderer Zeit noch einmal fruchtbar machen.

Was sind Ihre zukünftigen Arbeitspläne?

Ich möchte mit zwei deutschen Partnern, dem Germanisten Hans Otto Horch und dem Lektor des Jüdischen Verlages, Thomas Sparr, eine Geschichte der deutsch-jüdischen Literatur schreiben. Das, glaube ich, ist das Besondere an der Literatur: Noch wo sie – wie die deutsch-jüdische Kultur – unwiderbringlich vergangen ist, hält sie Spuren eines Lebens fest und macht es auch uns leichter, mit den eigenen Problemen zu leben – selbst dort, wo sie unlösbar sind.

Nach dem Junikrieg des Jahres 1967, haben Sie gesagt, sei Israel anders geworden, habe sich von Ihren frühen Erfahrungen in diesem Land unüberbrückbar entfernt. Darf ich Sie zum Schluß fragen, wie Sie das meinen? Wie sehen Sie Israel heute?

Ich habe meine Kindheit in Berlin als eine schwer entwirrbare Selbstentfremdung erfahren. Als ich nach Israel kam, hatte ich einige Jahre lang das Gefühl, besonders im Kibbuz, und vielleicht auch das nur in der Erinnerung –, in einer neuen, ganz konkreten, von allen gemeinsam geschaffenen und daher bewußt geteilten Realität zu leben. Dann kam der Krieg, und plötzlich – ohne daß wir es ahnen konnten – verdoppelten wir uns. Neben unser eigenes Land, unser eigenes Volk, trat ein anderes Land, ein anderes Volk. Ein Teil von uns sieht dieses andere Land, dieses andere Volk als unseren Besitz an, und ich verstehe das nicht, empfinde es wie einen Wirklichkeitsverlust. Ohne daß ich sagen könnte, wie es geschehen ist, hat sich die Selbstentfremdung, die über meiner Kindheit gelegen hat, wieder in mein Leben eingeschlichen.

Aber das, wie ein anderer Berliner gesagt hat, ist ein weites Feld.

Das Gespräch mit Prof. Dr. Jakob Hessing wurde per Telefon und Fax zwischen 19. April und 14. Mai 1997 geführt.

Jakob Hessing
wurde 1944 in Oberschlesien geboren, bei einem polnischen Bauern, der die Eltern unter seinem Hof vor den Nazis versteckt hielt. Nach Kriegsende flüchtete er mit seiner Familie in den Westen und lebte bis zu seinem Abitur in Berlin.

1964 wanderte Jakob Hessing nach Israel aus, lebte zwei Jahre im Kibbuz, studierte dann Geschichte, Anglistik und Germanistik an der Hebräischen Universität in Jerusalem. Er ist Professor für deutsche Literatur an der Hebräischen Universität, Schriftsteller, Journalist, Übersetzer.

Verheiratet mit seiner Frau Batschewa, lebt mit ihr und seinen fünf Kindern in Jerusalem.

Veröffentlichungen in deutscher Sprache: Else Lasker-Schüler. Biographie. Von-Loeper-Verlag 1985; Der Fluch

des Propheten. Drei Abhandlungen zu Sigmund Freud. Jüdischer Verlag 1989; Der Zensor ist tot. Roman. Quadriga-Verlag 1990.
Er ist Herausgeber des jährlichen Jüdischen Almanach, Jüdischer Verlag im Suhrkamp Verlag.

Anhang

Nachwort

»Der weiße Sand beruft sich auf den weiß gelassenen Namen.«
Edmond Jabès

Die Zionsidee des jüdischen Volkes ist erst am Anfang des zwanzigsten Jahrhundert zur konkreten nationalen Idee geworden. »Nächstes Jahr in Jerusalem«. Dieser Satz spricht die Zionssehnsucht aus, die in den vielen Jahrhunderten der Diaspora ein wichtiger Bestandteil der Gebete war. Er basiert auf der uralten, religiösen Idee der Rückkehr nach Eretz Israel. Sie brachte im Laufe der Jahrhunderte immer wieder kleinere Gruppen von Juden in das gelobte Land.

Mit dem Zionismus und durch vorhergehende Pogrome und Verfolgungen entstand eine andere Realität. Es kam von 1882 an zu großen Einwanderungsbewegungen, die bis zum Ende des zwanzigsten Jahrhunderts reichen. Diese Einwanderungswellen, die man auf hebräisch als »Alijot« bezeichnet, brachten bis 1994 ungefähr zweieinhalb Millionen Menschen nach Palästina/Israel.

In der Unabhängigkeitserklärung des Staates Israel ist die Essenz der zionistischen Idee dargestellt:

»Im Lande Israel entstand das jüdische Volk. Hier prägte sich sein geistiges, religiöses und politisches Wesen. Hier lebte es frei und unabhängig. Hier schuf es eine nationale und universelle Kultur und schenkte der Welt das Ewige Buch der Bücher.

Durch Gewalt vertrieben, blieb das jüdische Volk auch in der Verbannung seiner Heimat in Treue verbunden. Nie wich seine Hoffnung. Nie verstummte sein Gebet um Heimkehr und Freiheit.«

Ein Ausschnitt beleuchtet die Gesamtheit. Die Gespräche beginnen mit der Einwanderung im Jahre 1925 von Aharon Megged, der in Wloclawek/Polen geboren wurde. In unserem Gespräch beschreibt er die zionistischen Anfänge, die Verbindung von Tradition mit einer neuen Ära. Zum Schluß dieses Gesprächs wird auf die Debatte des Postzionismus hingewiesen, der er ablehnend gegenübersteht.

Kurz bevor die Nationalsozialisten 1933 an die Macht kamen, wuchs zwischen 1932 und 1938 die Einwanderung aus Deutschland und Mitteleuropa in Palästina stark an.

Uri Avnery, der im Jahre 1933 immigrierte, erinnert sich, daß »die Menschen, die nach Palästina kamen, nicht nur als im Lande geboren gelten wollten, sie wollten auch noch mehr Söhne des Landes sein.« Uri Avnery, der in diesem Jahr zwei Friedenspreise erhalten hat und einer der unermüdlichsten Kämpfer für den Frieden im Nahen Osten ist, spricht in dem Interview das Exil der Juden *und* der Palästinenser an.

»Heimatlied. Das Kennenlernen der Wasser um uns beginnt bei den Tränen.« Jehuda Amichai, der in Würzburg geboren ist und schon in früher Kindheit Hebräisch gelernt hatte, konnte die Wurzeln in der europäischen Kultur mit der neuen Sprache so erfolgreich verbinden, daß er zu einem der größten Lyriker Israels geworden ist.

Das Leben in zwei verschiedenen Kulturen, der alten und der neuen, die Erinnerung durch Rückgewinnung der deutschen Sprache und der Erhalt der Wurzeln in der deutschen Heimat werden am stärksten durch Else Levi-Mühsam und Hilde Hoffmann verkörpert. Else Levi-Mühsam brachte das gerettete literarische Werk ihres Vaters zurück nach Deutschland. Hilde Hoffmann bewahrte die Erinnerung an die jahrhundertealte jüdische Vergangenheit in Deutschland durch die Arbeit im Verein Ehemaliger Frankfurter in Tel Aviv. Gleichzeitig sagt sie:

»Wir haben im Exil unsere Heimat gefunden. Wir sind wieder in Israel verwurzelt.«

Pnina Navè-Levinson, erwarb als erste Frau 1952 an der Jerusalemer Fakultät für Jüdische Studien den Doktorgrad. Sie setzt sich, wie Schalom Ben-Chorin, dessen Interview in der Originalausgabe zu finden ist, insbesondere für den christlich-jüdischen Dialog in Israel und in Deutschland ein.

Gerade noch entkommen: dieser Satz gilt für Margarita Pazi und Tuvia Rübner, die Ende der dreißiger Jahre/ Anfang der vierziger Jahre die Tschechoslowakei verließen. Margarita Pazi, die im Februar 1997 nach schwerer Krankheit starb, gelangte auf einem der letzten Auswandererschiffe bis nach Palästina, um dann nach Mauritius deportiert zu werden. Im Gespräch erzählte sie die Geschichte der »Patria«. Dieses Schiff wurde vor Haifa von verzweifelten Juden in die Luft gesprengt, um die Einwanderung zu erzwingen.

Tuvia Rübner, ein bedeutender israelischer Lyriker, gelangte 1941 mit dem letzten Flüchtlingstransport über Ungarn, Rumänien, die Südtürkei, Syrien und den Libanon nach Palästina. Er teilt mit Margarita Pazi das gleiche Schicksal: die zurückgebliebene Familie wurde im Holocaust ermordet.

In der Erinnerung an sein Geburtsland schreibt er: »Als ich kam, war der Ort / voll Staub. Kein Anflug von Gras, kein Halm. / Ein paar graue Bäume / standen gehüllt / in Säcke aus Staub. Ich sah im Traum / die Flüsse meiner Jugend, die Wälder meiner Nächte. / Alles ist grün heut. Der Traum / voll Staub.«

Das Titelbild zeigt die Ankunft eines Immigrantenschiffes im Hafen von Haifa im Jahre 1948. Auf den Gesichtern spiegelt sich Hoffnung und Enttäuschung. In den Gesprächen spielt immer wieder die Reise auf ausrangierten und notdürftig reparierten Schiffen in ein neues Leben eine Rolle. Das vorherrschende Gefühl bei der Ankunft nach allen Entbehrungen und Strapazen ist, endlich gerettet zu sein. Sara Schupler spricht in der Originalausgabe vom »aufsteigenden Morgenrot im Hafen von Haifa«, das ihr unvergeßlich geblieben ist.

Die Geschichte der illegalen Einwanderung nach Kriegsende in Europa wird besonders im Gespräch von Hana Greenfield anschaulich. Sie überlebte Theresienstadt und Auschwitz und wanderte 1953 in Israel ein. Ihr Mann Murray gehörte zu einer kleinen Gruppe amerikanischer Juden, die ab 1945 in Europa Schiffe aufkauften und versuchten, Immigranten illegal nach Palästina zu bringen. Die restriktive Einwanderungspolitik der Briten gegenüber Hunderttausenden, die aus den Lagern in Europa nach Palästina drängten, machte solche Schritte erforderlich. Kaum hatten die Immigranten Palästina erreicht, wurden sie wieder abtransportiert, manchmal sogar zurück nach Deutschland. Das Schiff »Exodus« war ein Symbol für den Überlebenswillen der Menschen aus den Vernichtungslagern und ihren Wunsch, in ihr Land zu gelangen und endlich eine Heimat zu finden.

1996 wiederholten Hana und Murray Greenfield die Reise der »Exodus« mit einer Gruppe von sechshundert amerikanischen Studenten.

Im November 1947 stimmte die UN-Vollversammlung für die Teilung Palästinas in einen jüdischen und einen arabischen Staat. Die jüdische Führung stimmte zu, die Araber lehnten ab. Dadurch kam es schon im Vorfeld der Staatsgründung zu heftigen Unruhen.

Eretz Israel ist die Geschichte einer Idee. Das Land kennt keine Atempausen. Am Freitagnachmittag, dem 14. Mai 1948, wurde die Unabhängigkeitserklärung durch David Ben Gurion verlesen. Am nächsten Tag begann der Unabhängigkeitskrieg, der erst im Juli 1949 mit dem Abschluß der Waffenstillstandsvereinbarungen zwischen den beteiligten Ländern endete. Die palästinensische Flüchtlingsproblematik entstand in dieser Zeit. Durch den Unabhängigkeitskrieg verloren mindestens siebenhunderttausend Palästinenser als Flüchtlinge oder Vertriebene ihre Heimat. Auch die umliegenden arabischen Länder integrierten die palästinensischen Flüchtlinge nicht, sondern brachten sie in Lagern unter. Viele Gewaltkonflikte nahmen hier ihren Anfang.

Ab 1949, dem Jahr nach der Staatsgründung, schlossen sich die sogenannten Massenalijot aus den unterschiedlichsten Ländern an. Avigdor Dagan erlebte die Anfänge des kommunistischen Regimes in der ehemaligen Tschechoslowakei und begleitete nach seiner Einwanderung im Jahr 1949 als Botschafter Stationen seines jungen Landes. Er befürwortete zu Beginn seiner diplomatischen Tätigkeit die Frage der »Wiedergutmachung«. Am 10. September 1952 wurde schließlich nach anfänglichen Widerständen auf beiden Seiten zwischen Deutschland und Israel ein »Wiedergutmachungsvertrag« unterzeichnet.

Mit der Einwanderung von Sami Michael aus dem heutigen Irak, dem Ursprungsland des Judentums, von dem in unserer Zeit immer wieder die größte Bedrohung für Israel ausgeht, wird die Problematik der orientalischen Juden angesprochen. Sami Michael, der in der arabischen Kultur und Sprache verwurzelt war, fand eine zweite Heimat in der hebräischen Sprache, ein eigenes Thema.

Das letzte Gespräch im Buch »Lebensgeschichten aus Israel« wurde mit Jakob Hessing geführt. Er teilte das Schicksal vieler seiner Altersgenossen der zweiten Generation in Nachkriegsdeutschland, deren Eltern nach den schrecklichen Erfahrungen des Krieges in Deutschland »hängenblieben«. Die Erfahrungen in den Lagern, die Zeit danach und der sich anschließende Existenzkampf gingen oft mit einem Verlust der jüdischen Identität in einem Umfeld einher, mit dem man sich nicht mehr identifizieren konnte. Israel bot den Juden der zweiten Generation, die einwanderten, anfänglich zwar Identifikation, jedoch auch viele Brüche, die das Einleben in der neuen Heimat erschwerten.

Es gibt andere Themen, die eigenen Raum forderten: die Einwanderung aus den kommunistischen Ländern nach 1950, die Einwanderung von amerikanischen Juden und die große russische Einwanderung ab 1989 in Israel, zur Zeit der großen Umbrüche in Europa. Sie sind in der Originalausgabe zu finden.

In den fast fünfzig Jahren seiner Geschichte war Israel gezwungen, sechs Kriege zu führen. Ein halbes Jahr nach dem Ende des Golfkrieges wird im Herbst 1991 die Friedenskonferenz von Madrid eröffnet. Dies bedeutet den Beginn der Friedensverhandlungen der neunziger Jahre. David Grossman schrieb bereits 1990: »Die Frage ist nur, ob wir es in absehbarer Zeit schaffen werden, uns von unserer fundamentalen Angst zu befreien, einer Angst, die zwar zahllose historische Berechtigungen hat, jedoch nun von neuem geprüft werden muß. (...) Sowohl wir als auch die Palästinenser haben sehr gute, existentielle Gründe, zur Besinnung zu kommen und den würgenden Kreis des Hasses zu durchbrechen.« Die Friedensverhandlungen geraten mit der Ermordung Yitzhak Rabins am 4. November 1995 ins Stocken. Zum jetzigen Zeitpunkt sind Sicherheitsfragen das vorherrschende Gesprächsthema zwischen der neuen israelischen Regierung und den Palästinensern.

Am 30. April 1998 oder 4. Ijar 5758, wird der Staat Israel fünzig Jahre alt. Jehuda Amichai sagte mir zum Abschluß unseres Gespräches zum Friedensprozeß: »Das Wort für Toleranz und das Wort für Geduld sind sehr, sehr ähnlich: sie haben denselben Wortstamm. ›Sowlanut‹ bedeutet Toleranz, und ›sawlanut‹ bedeutet Geduld.«

Ingrid Wiltmann Im November 1997

Anmerkung

Alle Gespräche wurden von den Interviewpartnern autorisiert. Die Gespräche mit Aharon Megged, Sami Michael und Hana Greenfield wurden von der Herausgeberin aus dem Englischen übersetzt. Die Porträts, mit Ausnahme der von Margarita Pazi und Tuvia Rübner, wurden von der Herausgeberin fotografiert.

Zeittafel

1882	Beginn der zionistisch motivierten Einwanderung nach Palästina (Eretz Israel), bis 1903: erste Alija
1897	1. Zionistischer Kongreß in Basel, von Theodor Herzl (1860-1904) organisiert Gründung der Zionistischen Weltorganisation (ZWO) mit dem Ziel, eine »öffentlich-rechtliche Heimstätte für das Jüdische Volk« in Palästina zu gründen
1904-1914	Zweite Alija
1909	Gründung von Tel Aviv
1914-1918	Erster Weltkrieg
1917	Ende der osmanischen (türkischen) Herrschaft über Palästina. Eroberung Palästinas durch britische Truppen Russische Oktoberrevolution
1918	2. November: In der Balfour-Deklaration sichert die britische Regierung dem jüdischen Volk das Wohlwollen für die Errichtung einer nationalen Heimstätte zu
1919-1923	Dritte Alija
1920	Erste jüdisch-arabische Unruhen
1922	Der Völkerbund überträgt Großbritannien das Mandat für Palästina
1924-1931	Vierte Alija
1932-1939	Fünfte Alija
1933	30. Januar: Adolf Hitler wird zum deutschen Reichskanzler ernannt ab 1. April: Boykott der jüdischen Geschäfte in Deutschland
1935	15. September: Nürnberger Gesetze
1936-1939	Aufstände von Arabern gegen jüdische Besiedlung Palästinas
1938	12. März: Einrücken deutscher Truppen nach Österreich, einen Tag später wird der »Anschluß« proklamiert

	9./10. November: Pogromnacht in Deutschland (»Reichkristallnacht«)
1939-1945	Zweiter Weltkrieg
1939	1. September: Beginn des Zweiten Weltkriegs mit dem deutschen Überfall auf Polen
1940	10. Mai: Deutscher Einmarsch in Frankreich
1941	22. Juni: Deutscher Angriff auf die Sowjetunion
1941/1942	Ghettoisierung der Juden im besetzten Europa
1942	20. Januar: »Wannsee-Konferenz«: Beschluß der »Endlösung der Judenfrage«
	27. Mai: Attentat auf SS-Obergruppenführer Heydrich in Prag, danach deutsche Vergeltungsmaßnahmen
1942/1943	Schlacht von Stalingrad, Wende im Zweiten Weltkrieg
1943	Kapitulation der deutsch-italienischen Truppen in Nordafrika
ab 1944	Verstärkter Einsatz der zionistischen Parteien zur Gründung eines jüdischen Staates: Kampf gegen britische Truppen in Palästina
1944	Juli: Befreiung des Konzentrationslagers Majdanek durch die Rote Armee
1945	27. Januar: Befreiung des Konzentrationslagers Auschwitz durch die Rote Armee. Bis Mai 1945 werden die anderen Konzentrationslager durch die Alliierten befreit
	8. Mai: Ende des Zweiten Weltkriegs
ab 1945	Britische Blockade Palästinas, verstärkt illegale jüdische Versuche zur Einwanderung (Alija-Bet)
1946	4. Juli: Pogrom von Kielce, 46 Juden werden von Polen ermordet
1947	29. November: Die UNO beschließt die Teilung Palästinas in einen jüdischen und einen arabischen Staat
1947/1948	Bürgerkrieg in Palästina nach UNO-Beschluß
1948	14. Mai: Gründung des Staates Israel, Beginn des Unabhängigkeitskrieges
1948-1951	Masseneinwanderung nach Palästina

1949	20. Juli: Abschluß der Waffenstillstandsvereinbarungen zwischen den beteiligten Ländern Israel, Ägypten, Syrien, Libanon, Transjordanien
1952	10. September: Unterzeichnung des sogenannten »Wiedergutmachungsabkommens« zwischen Israel und der Bundesrepublik Deutschland
1956	29. Oktober-5. November: Sinai-Krieg
1960	14. März: Ministerpräsident Ben Gurion trifft Bundeskanzler Adenauer in New York
1960/1961	Eichmann-Prozeß
1962	31. Mai: Eichmann wird hingerichtet
1963	Ben Gurion tritt als Ministerpräsident zurück
1965	12. Mai: Aufnahme der diplomatischen Beziehungen zwischen Israel und der Bundesrepublik Deutschland
1967	5.-10. Juni: Sechstagekrieg gegen Ägypten, Jordanien und Syrien
1973	6.-26. Oktober: Jom-Kippur-Krieg gegen Ägypten und Syrien
1975	Juli: Yitzhak Rabin besucht als erster Ministerpräsident Israels die Bundesrepublik Deutschland
1977	Menachem Begin wird israelischer Ministerpräsident
	19. November: Der ägyptische Staatspräsident Anwar el Sadat besucht Jerusalem
1978	17. September: Camp-David-Abkommen zwischen Israel und Ägypten
	Friedensnobelpreis für Menachem Begin und Anwar el Sadat
1979	26. März: Friedensvertrag mit Ägypten
1981	Libanonkrise
	6. Oktober: Ermordung Sadats
1982	5. Juni: Beginn des Libanon-Kriegs
1983	28. August: Rücktritt Begins
1987	Dezember: Beginn der Intifada
1988	16. Dezember: Beginn der offiziellen Gespräche USA–PLO, da die PLO die UN-Entschließung zum Lebensrecht Israels anerkennt

1989	9. November: Fall der Berliner Mauer
1990	2. August: Kuwait-Invasion des Irak, der Konflikt wird von Saddam Hussein mit der »Palästinenser-Frage« verbunden
1991	17. Januar-28. Februar: Golf-Krieg, irakische Raketen treffen Israel
	31. Oktober: Eröffnung der Friedenskonferenz von Madrid
1992	7. Juli: Yitzhak Rabin wird erneut israelischer Ministerpräsident
1993	13. September: Unterzeichnung der Israelisch-Palästinensischen Prinzipienerklärung in Washington
1994	2. Februar: Jasir Arafat zum ersten Mal im Gaza-Streifen
	4. Mai: Gaza-Jericho-Abkommen (Oslo I)
	26. Oktober: Friedensvertrag mit Jordanien
	10. Dezember: Friedensnobelpreisverleihung in Oslo an Shimon Peres, Yitzhak Rabin und Jasir Arafat
1995	28. September: Israelisch-Palästinensisches Autonomieabkommen (Oslo II)
	5. November: Ermordung Yitzhak Rabins durch einen religiösen jüdischen Fanatiker
1996	20. Januar: Wahlen in den autonomen Gebieten der Palästinenser, Arafat und seine Partei al-Fatach erhalten die Mehrheit
	29. Mai: Wahlen in Israel, neue Regierung unter Führung des Likudblocks mit Ministerpräsident Benjamin Netanjahu

Glossar

Alija sg., alijot pl. wörtlich: Aufstieg, Einwanderung nach Eretz Israel.

Aschkenasi sg., Aschkenasim pl. früher: osteuropäische und deutsche Juden und deren Nachkommen, heute: ost/westeuropäische und amerikanische Juden und deren Nachkommen.

Baeck, Leo (1873-1956) einer der bedeutendsten Rabbiner des Reformjudentums.

Ben Gurion, David (1886-1973) proklamierte am 14. Mai 1948 die Staatsgründung Israels und amtierte mit einer Unterbrechung (1953-1955) bis 1963 als Ministerpräsident und Verteidigungsminister.

Chaluz Pionier.

Chamsin heißer Wüstenwind.

Chanukka achttägiges Lichterfest zum Gedächtnis an die Wiedereinweihung des Tempels nach dem Makkabäeraufstand.

Chassid sg., Chassidim pl. Anhänger einer religiösen Bewegung im Judentum.

Chassidismus 1. Religiöse Strömung im Frühjudentum z.Zt. der Makkabäeraufstände. 2. Aschkenasischer Chassidismus: mystische Strömung im mitteleuropäischen Judentum des Mittelalters. 3. Religiöse Bewegung in Osteuropa seit dem 18. Jahrhundert, Gründer Baal schem tow; oft »Chassidismus« schlechthin genannt.

Cheder Schulzimmer; im Erziehungssystem der osteuropäischen Juden: Grundstufe der Unterweisung im Judentum.

Diaspora der griechische Begriff für »Zerstreuung« ist eine Kollektivbezeichnung für die Jüdischen Gemeinden außerhalb des Landes Israel.

DP Camp (displaced persons camp) »displaced persons«: in der Terminologie der Allierten während des zweiten Weltkriegs verschleppte Deportierte. Als die etwa fünfzig- bis siebzigtausend Überlebenden der Konzentrationslager befreit wurden, erhielten sie – als ehemalige Häftlinge – den Status »DP«. Sie wurden mit anderen ehemaligen Zwangsarbeitern und

Kriegsgefangenen in rasch eingerichteten sogenannten DP-Lagern untergebracht. Nachdem im August 1945 die unsäglichen Lebensbedingungen für die physisch wie psychisch schwer angegriffenen jüdischen Dps bekannt wurden, schufen die Verantwortlichen der US-Zone umgehend rein jüdische Lager. Die britische Besatzungsmacht hingegen verschloß sich diesem Schritt, da sie aufgrund ihres Palästina-Mandats eine restriktive DP-Politik betrieb.

Emanzipation Schon in der Aufklärung war eine Verbesserung der bürgerlichen Stellung der Juden gefordert worden, dieser Begriff setzt sich seit 1820 durch. Es ging nun um die volle bürgerliche Gleichberechtigung bei Wahrung der Religionsfreiheit.

Eretz Israel das Land Israel, früher Palästina, seit 1948 das Land des Staates Israel.

Galiläa, Galil die nördlichste Landschaft Israels.

Galut Hebr. für »Wegführung ins Exil«.

Gaza Die ca. 80 km südlich von Tel Aviv gelegene Stadt Gaza ist das Handels- und Gewerbezentrum des rund 40 km langen und bis zu 10 km breiten Gaza-Streifens.

Gola, goles Diaspora.

Golan Die Golan-Höhen stellen die nord-östliche Grenze des oberen Galiläa dar.

Hachschara wörtlich: Vorbereitung; kulturelle, landwirtschaftliche, handwerkliche, sprachliche Vorbereitung auf die Einwanderung, das Leben in Eretz Israel.

Hagana Hebr. für »Schutz«; 1920 gegründete jüdisch-militärische Selbstverteidigungsorganisation des »Jischuw« in Palästina.

Haggada Der am Seder-Abend gelesene Text.

Hamas Versteht sich als radikal-muslimische Widerstandsbewegung im von Israel besetzten Gebiet, die einen islamischen palästinensischen Staat will.

Herzl, Theodor (1860-1904) Österreichisch-ungarischer Schriftsteller und Journalist, der die zionistische Weltbewegung begründet hat. 1896 veröffentlichte er die Schrift »Der Judenstaat«.

Hess, Moses (1812-1875) Gründervater des zionistischen Sozialismus (»Rom und Jerusalem« 1844).

Histadrut Dachorganisation der israelischen Gewerkschaften.

Hizbullah radikal-muslimische Widerstandsbewegung, hauptsächlich vom Libanon aus operierend, ideologisch vom Iran abhängig.

Holocaust Das aus dem Griechischen stammende Wort bezeichnet ursprünglich ein vollständig vom Feuer verzehrtes Opfer (Gen 22). Heute wird der Terminus für den nationalsozialistischen Massenmord an den europäischen Juden verwendet.

Irgun Zva'i Le'umi, Abk. Etzel; Untergrundbewegung (extremistisch) vor der Staatsgründung (Menachem Begin war Etzel-Mitglied).

Iwrit Neu-Hebräisch.

Jeckes Bezeichnung für Juden aus Deutschland.

Jeschiwa Schule zum Studium von Tora und Talmud.

Jewish Agency Die 1922 aufgrund des Palästina-Mandats errichtete, öffentlich anerkannte Vertretung der Juden.

Jiddisch Die vor den Kreuzfahrern nach Osteuropa fliehenden Aschkenasim bewahrten in der neuen Heimat durch Jahrhunderte ihre mittelhochdeutsche Umgangssprache. Sie enthält hebräische Begriffe sowie slawische und litauische Idiome.

Jugend-Alija 1932 gegründete Organisation, um Jugendlichen die Einwanderung in Palästina, auch ihre Ausbildung zu ermöglichen.

Jom Kippur Suhnetag, Versöhnungsfest, der höchste Feier- und Festtag im jüdischen Kalender.

Kabbala wörtlich: Tradition; bezeichnet eine mystische Strömung im mittelalterlichen und neuzeitlichen Judentum.

Keren Kajemet (L'israe'el) Jüdischer Nationalfonds, 1907 gegründet.

Kibbuz sg., kibbuzim pl. Gemeinschaftssiedlung.

Kibbuznik hebr. für Kibbuzmitglied.

Knesset Versammlung, Parlament des Staates Israel.

Kohelet Prediger, Buch; wurde nach der Tradition von Salomo verfaßt.

Koscher rituell tauglich, vor allem im Hinblick auf die Speisegebote.

Likud Blockbündnis rechter Parteien.

Messianische Zeit die Endphase der Geschichte, die als Zeit der Krise, Läuterung und Erneuerung der »kommenden Welt« vorangeht.
Die vielfältigen jüdischen Erwartungen haben sich nie zu einer einheitlichen Gesamtvorstellung verdichtet.

Mikwe rituelles Tauchbad zur spirituellen Reinigung und Erneuerung.

Moschaw, Moschawa genossenschaftlich organisierte landwirtschaftliche Siedlung.

Negev hebr. »Wüste«; der südlichste Teil Israels.

Olah, oleh sg., olim pl. die »Hinaufsteigenden«, Einwanderer im Lande Israel.

Palmach Abkürzung für »Plugot machaz«, Stoßtruppen, die Kampfgruppen der Hagana.

Peies sg., peot pl. die Schläfenlocken orthodoxer Juden.

Pentateuch der griechische Terminus bezeichnet die fünf Bücher Mose (Tora).

Pesach Frühlingsfest, feiert die Wiedergeburt der Natur und Israels Befreiung aus der ägyptischen Knechtschaft.

PLO Palestine Liberation Organisation, Dachorganisation der palästinensischen Araber aus verschiedenen Fraktionen, die 1965 gegründet wurde. Stärkste Partei al-Fatach unter Führung von Jasir Arafat.

Pogrom russ. Bezeichnung für »Judenverfolgung«.

Purim fastnachtähnliches Fest zur Erinnerung an die Rettung der persischen Juden vor der Vernichtung (vgl. Esther 9,20ff.).

Rabbinat das Amt des Rabbiners mit den Funktionen eines Halacha-Gelehrten, Richters, Predigers, mit seelsorgerischen und administrativen Pflichten.

Rosch Haschana Neujahrsfest, im Herbst begangen, Beginn einer zehntägigen Bußzeit.

Sabra, Sabre sg., sabres pl. der/die im Land Geborene, so genannt nach der stachligen, aber süßen Frucht einer Kakteenpflanze.

Sanhedrin griech. synhedrion (Rat, Gerichtshof); oberste politische und religiöse Körperschaft in griech.-röm. Zeit mit Sitz in Jerusalem.

Schabbat der siebte Tag der Woche, der Ruhetag, an dem jegliche Arbeit verboten ist.

Schoa (vgl. Jes. 10, 3). Das hebräische Wort in der Bedeutung von »Vernichtung«, »Zerstörung« und »Katastrophe« ist der in der jüdischen Welt gebräuchlichste Begriff für den Holocaust. Alljährlich wird in Israel der Jom-ha-schoa, der Holocaust-Gedenktag, begangen.

Schtetl jidd., die jüdische Kleinstadt in Osteuropa

Seder »Ordnung«, die Ordnung, nach der sich die häusliche Zeremonie am Pesach vollzieht.

Sefarad, Sefardi sg., Sefardim pl. früher: spanische Juden und deren Nachkommen; heute: spanische und orientalische Juden und deren Nachkommen.

Sukkot Laubhüttenfest, zur Erinnerung an die Hütten beim Auszug aus Ägypten (Lev 23, 42 f.).

Talmud wörtlich: Lehre; die Kodifizierung des mündlichen Gesetzes sowie der Lehren und Diskussionen in Palästina (Jerusalemer bzw. Palästinensischer Talmud, um 400 n. d. Z.) und Babylon (Babylonischer Talmud um 500 n. d. Z.).

Tanach – TaNaaK hebräische Abkürzung für die hebräische Bibel (Tora; Pentateuch; Nebi'im: Propheten; Ketubim: Schriften).

Tora wörtlich: Weisung. 1. Die Fünf Bücher Moses; 2. Lehre im Sinne des geoffenbarten Willen Gottes; 3. die gesamte religionsgesetzliche Tradition.

Ulpan Schule für hebräische Intensiv-Sprachkurse, vor allem für Neueingewanderte in Israel.

Zion ursprünglich der Name eines der Hügel von Jerusalem, auf dem die Burg König Davids stand; Zion bezeichnet im weiteren auch den benachbarten Tempelberg, schließlich die Stadt Jerusalem als ganze.

Zionismus Befreiungsbewegung des jüdischen Volkes mit dem Ziel, im Land der Vorfahren, Eretz Israel, eine nationale Heimstätte zu errichten. Zur zionistischen Bewegung gehörten sowohl rechtsnationalistische Strömungen als auch sozialdemokratische und sozialistisch-marxistische.

Zunz, Leopold (1794-1886) einer der Begründer der Wissenschaft des Judentums.